KATHARINA MIDDENDORF | RALF STURM

HAPPY END
IM
KOPFKINO

*Wie wir uns von **Überzeugungen befreien**,
die unserem Glück im Weg stehen*

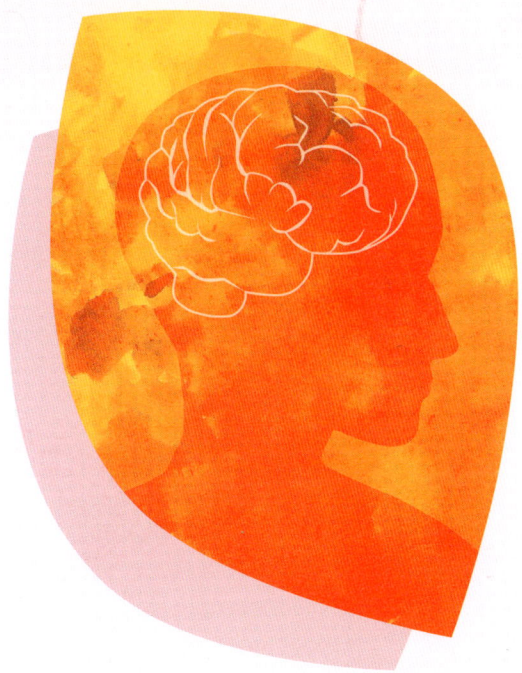

Wege aus den Denkfallen

Befreiter leben

Vorwort

Es ist ganz schön was los in unserem Kopf. Denn den Alltag wie auch
Ausnahmesituationen können wir nur kraft unseres Geistes bewältigen.
Allerdings: Die wenigsten Gedanken sind solch konstruktiver Natur.
Ein innerer Kritiker, den wir uns im Lauf des Lebens herangezogen
haben, gleicht nämlich ständig ab, ob das, was wir denken und tun,
auch unseren Maßstäben entspricht oder den Erwartungen anderer.
Und so bevölkern auch unzählige bewertende Gedanken unseren Geist,
die – das ist wissenschaftlich erwiesen – meist abwertenden Charakter
haben. Unser Kopf erzählt uns jede Menge destruktiver Geschichten
über uns selbst, die uns nicht guttun. So fühlen wir uns manchmal wie
in einem schlechten Film.

Mit diesem Buch möchten wir Sie einladen, einige der Gedanken, die
täglich Ihren Kopf durchkreisen, infrage zu stellen. Denn die Filme, die
im Kopfkino laufen, zeigen nicht die Wirklichkeit. Es sind Geschichten,
die auch anders geschrieben werden könnten. Wie das gehen kann,
verraten die Übungen und Wege, die wir Ihnen im Folgenden ans Herz
legen. Sie können Ihnen dabei helfen, mit schwierigen Gedanken und
Gefühlen besser umzugehen – und so immer öfter ein Happy End im
Kopfkino zu erleben.

Wir wünschen Ihnen viel Freude dabei!

Katharina Middendorf   Ralf Sturm

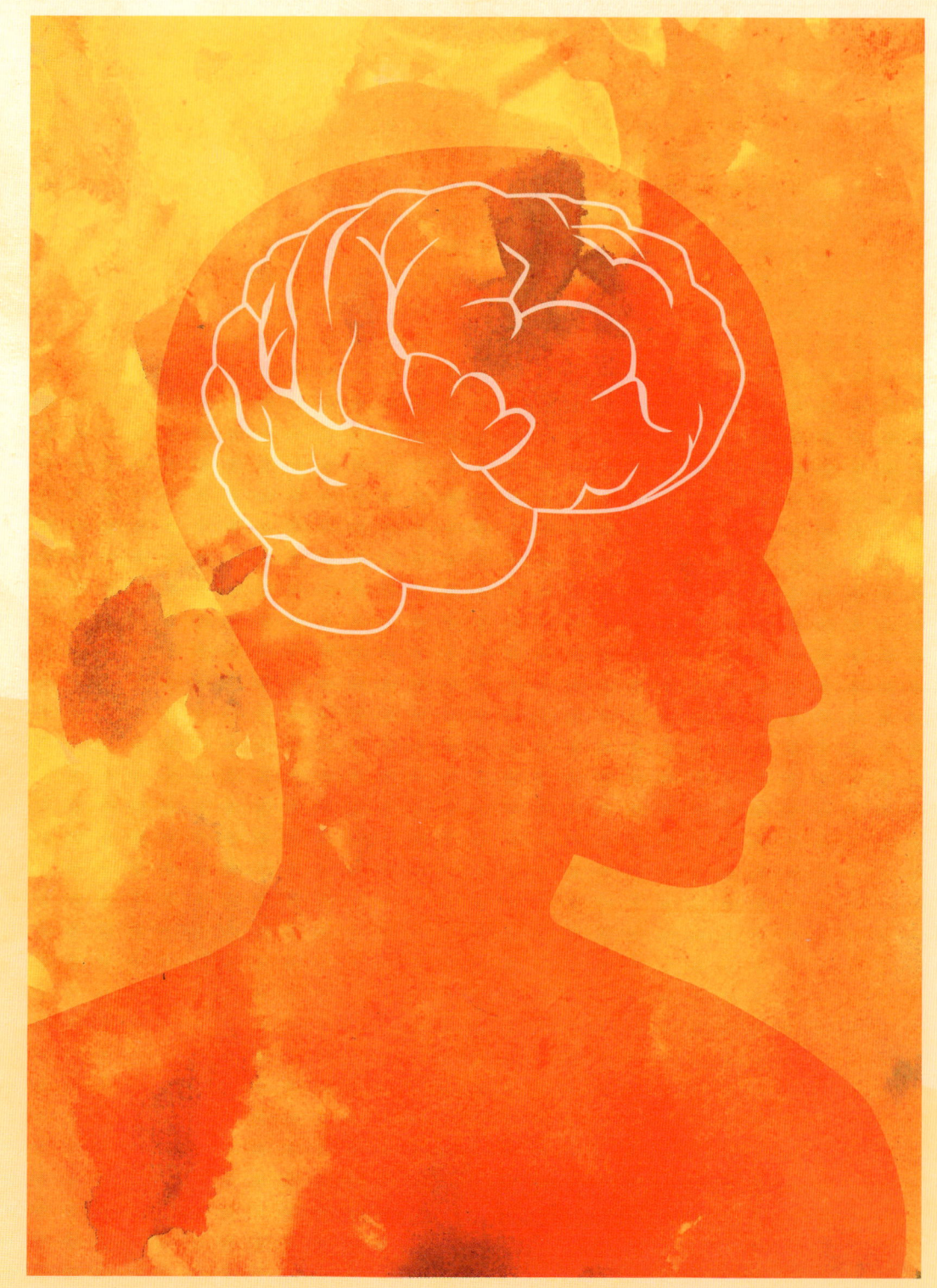

Denken, Fühlen, Handeln

Täglich haben wir unzählige Entscheidungen zu treffen und Probleme zu lösen. Glücklicherweise ist unser Geist so gebaut, dass vieles davon ganz automatisch abläuft. In diesem Automatismus steckt aber auch ein Handikap, etwa wenn sich so Ansichten über uns selbst in unserem Kopf einnisten, die uns das Leben schwer machen. Zu wissen, wie wir mental und psychisch funktionieren, kann da sehr hilfreich sein.

IM WUNDERLAND
UNSERES GEISTES

Gründe für Unzufriedenheit gibt es viele. Es fallen Ihnen auf Anhieb sicher gleich mehrere ein. Zum Beispiel würden Sie sich definitiv eine geraume Zeit lang merken, wenn auf dem Weg zur Arbeit die Ampeln alle rot waren und jemand Ihnen den Parkplatz direkt vor der Nase weggeschnappt hat. Positive Ereignisse jedoch – in diesem Fall eine grüne Welle samt Parkplatzfee – schleichen sich meist schnell wieder aus unserem Bewusstsein.

Schauen wir solche Momente von Unzufriedenheit genau an, wird deutlich, dass sie Resultate unserer eigenen Bewertung sind. Gießen Sie sich zum Beispiel früh am Morgen, frisch geduscht und angekleidet, eine Tasse Kaffee über Hemd oder Bluse, ist das sicher im ersten Moment unangenehm, weil heiß und nass. Aber was noch viel unangenehmer ist, sind die Gedanken, die Ihnen dann kommen: Von »Mist, gerade jetzt!« über »Immer muss mir das passieren. Ich bin einfach ein Trottel!« bis zu »Hätte mein Mann, wie besprochen, den Kaffee gemacht, hätte ich keine Eile gehabt und das Ganze wäre nicht passiert«. Nach einem eher schlichten Ereignis, das zugegebenermaßen für den Beginn des Tages ungünstig war, kann eine Lawine ins Rollen kommen, die nicht nur für uns selbst, sondern auch für die Beziehungen zu unserem Umfeld so einiges nach sich ziehen kann.

DER GEDANKENMOTOR SPRINGT AN

Aber was genau passiert da? Was bedeutet Lawine? Nun, alles beginnt ja erst mal mit einer simplen Handlung oder einem Ereignis, wie dem Umkippen der Kaffeetasse. Es folgen unmittelbare Gefühle und Empfindungen, wie die Angst, sich verbrannt zu haben, und nasse, klebrige

Kleidung auf der Haut. Unangenehm, sicher, aber keine große Katastrophe. Denn es ist ja alles gut gegangen. Doch dann kommt er ins Spiel: der Gedankenmotor. Sie haben oben schon einige mögliche Bewertungssätze gelesen. Je nachdem, wie Ihre sonstige Laune ist und was für ein Typ Sie sind, sind die aufkommenden Gedanken selbst- oder fremdbezogen: »… ich Trottel!« oder »Hätte mein Mann …«. Und sie wirken entweder nur kurzfristig, also etwa bis Sie Hemd oder Bluse gewechselt haben, oder haben einen sehr langen Arm (manche solcher Gedanken ziehen sich womöglich durch Ihr ganzes Leben). Auf jeden Fall setzt durch die Gedanken etwas ein, was dem bloßen Ereignis eine Bedeutung gibt, die es an sich nicht hat.

EIN TEUFELSKREIS BEGINNT

Die Gedanken, die wir uns zu Handlungen und Ereignissen machen, sind nicht neutral, sondern verbunden mit Gefühlen. Um bei unserem Beispiel zu bleiben: Sie denken nicht nur, Sie wären ein Trottel, Sie fühlen sich auch so. Und weil Gefühle sich unglaublich flächendeckend ausbreiten können, beziehen Sie »Trottel« nicht nur auf den aktuellen Moment, sondern gleich auf Ihre gesamte Person. Das Gefühl, ein Trottel zu sein, kann so Handlungen nach sich ziehen, die aus dieser Interpretation heraus entstehen: Sie vergessen zum Beispiel, Ihre Unterlagen zur Präsentation mitzunehmen, oder treten bei der Vorstellung Ihrer Ideen nicht selbstbewusst auf, weil Sie sich wie ein Trottel fühlen. Und damit wird der fatale Teufelskreis sichtbar.

→ Der Beginn: eine Handlung oder ein Ereignis.
→ Der weitere Verlauf: Gedanken, die Realitäten konstruieren.
→ Die Überspitzung: Gedanken werden zu Gefühlen.
→ Das Ende: Handlungen, die aus dieser selbst konstruierten Grundstimmung resultieren.
→ Bestätigung: Diese Handlungen wiederum bestätigen den »Glaubenssatz«, den Sie am Morgen gedacht haben: »Ich bin einfach ein Trottel.«

Und das alles wegen einer Kaffeetasse? Ja, so kann es gehen. Und so geht es den ganzen Tag. Warum? Weil wir Menschen so sind. Weil unser Kopf nun mal so funktioniert: Er erzählt uns Dinge über uns selbst, die man auch ganz anders sehen könnte. Er konstruiert eine vermeintliche Realität. »Aha«, denken Sie jetzt vielleicht, »mein Kopf tickt also nicht richtig, da muss sich was ändern!« – Mitnichten.

Wir wollen Sie aber dazu einladen, neugierig zu werden auf die Art und Weise, wie wir Menschen im Allgemeinen funktionieren, und darauf, wie Sie ganz persönlich ticken. Dann ist plötzlich die Möglichkeit greifbar nahe, zu erkennen, wie Glaubenssätze entstehen und dass diese uns daran hindern können, ein zufriedenes Leben zu führen und in einem glücklichen Austausch mit anderen zu sein. Und wenn Sie sehen, welche Schönheit in der Komplexität unseres Geistes liegt, dann ist oft der wichtigste Schritt getan, etwas dafür zu tun, dass Sie die Geschichte Ihres Lebens selbst mehr und mehr bewusst schreiben.

WAS DAS BUCH IHNEN BIETET

Den Ratschlag »Bleib, wie du bist!« hören wir häufig, setzen ihn aber oft wenig zielführend um. Für manche von Ihnen ist es vielleicht eine schwierige Vorstellung, die Dinge mal so sein zu lassen, wie sie sind. Vielleicht, weil Ihnen das ein Gefühl der Stagnation verleiht. Es kann also schwer sein, sich auch einmal die Erlaubnis zur Nicht-Veränderung zu geben. Ebenso schwer ist es allerdings manchmal auch, seinen eigenen Schweinehund zu überwinden, um die persönliche Entwicklung voranzutreiben, also auf Veränderung hinzuarbeiten.

Die Balance zwischen diesen zwei Polen – zwischen Stehenbleiben und Fortschreiten, zwischen »Ist doch alles prima, wie es ist. Lieb dich einfach« und »Sei achtsamer und positiver, und du wirst alles erreichen, was du dir wünschst« –, das ist der Ansatz, den wir für dieses Buch wählen. Weil er eines tut: Er holt Sie dort ab, wo noch keine Geschichte angefangen hat, erzählt zu werden, wo noch kein Konzept greift, da wo

Entscheidungen getroffen werden. Im Grunde im Niemandsland unseres Geistes und doch in jedermanns ganz persönlicher Schatzkiste (siehe dazu Kapitel 3 ab Seite 83).

Es geht uns in diesem Buch also gerade nicht um das klassische »positive Denken«. Wir haben nämlich wenige Menschen kennengelernt, die langfristig gute Erfahrungen damit gemacht hätten, schwierige Zustände von jetzt auf gleich als »Wachstumschancen« oder in anderer Hinsicht als positiv zu sehen. Außerdem möchten wir dazu einladen, ein wenig die Zielorientierung loszulassen. Denn so kommt man – statt zu Selbstoptimierung – zu Selbstmitgefühl. Und das ist eine wichtige Voraussetzung, wenn es um Veränderung beziehungsweise um eine nachhaltige Persönlichkeitsentwicklung geht: Man kann und soll sich durchaus aufmachen, den Status quo stetig zu verbessern. Genauso wichtig ist es aber auch, geduldig mit sich selbst (und seiner Umgebung) zu sein, wenn es dabei am Anfang nicht gleich so läuft, wie man es sich wünscht. Es schadet nämlich nicht, eine gewisse Langsamkeit zu akzeptieren, ganz im Gegenteil.

Gegenspieler von Geduld und Langsamkeit sind die »Denkfallen«, um die es in diesem Buch geht. Fallen, die uns unser wunderbarer und ansonsten wohlorganisierter Geist stellt. Fallen, in die wir immer wieder tappen und die uns zu schnellen (oft vorschnellen) und übertriebenen Veränderungswünschen antreiben.

»Unsere Wahrnehmung der Welt ist eine Fantasie, die mit der Wirklichkeit zusammenfällt.«

CHRIS FRITH | BRITISCHER KOGNITIONSPSYCHOLOGE

SICH MIT SICH SELBST ANFREUNDEN

Die Balance zwischen »Bleib, wie du bist« und »Werde besser, schneller, schöner«, von der wir vorhin gesprochen haben, lässt sich in die Aufforderung fassen »Freunde dich mit dir selbst an«. Damit will dieses Buch Sie ermutigen, Ihren Geist nicht als Feind zu sehen, den man ausschalten muss oder optimieren sollte, nur weil er manchmal schwierige Gedanken hervorbringt, wie »Ich bin ein Trottel« (siehe Seite 10). Denn wir möchten Ihnen nicht noch eine Aufgabe auf die sowieso schon hohen Selbstanforderungen packen, die nicht selten Grund für so manches Übel sein können.

Wir möchten Sie aber eben auch nicht ganz aus der Verantwortung lassen, wie es die Laissez-faire-Reaktion auf den Selbstoptimierungstrend gerne tut nach dem Motto: »Alles ist schon gut so, wie es ist.« Es geht uns darum, Ihnen den schwierigen Spagat zu ermöglichen, zwischen »fünf gerade sein zu lassen« und sich aber auch nicht »ein X für ein U vorzumachen«. Und dabei steht eine Sache ganz stark im Vordergrund: die eigene Unterscheidungskraft. Wann ist es angemessen, aktiv etwas zu verändern, und wann kann es richtiger sein, Unzulänglichkeiten zu akzeptieren und darüber zu lächeln?

REISE IN DEN MENSCHLICHEN GEIST

Diese Unterscheidungskraft finden wir mitten im Wunderland des menschlichen Geistes. Begeben Sie sich also mit uns auf eine äußerst spannende Reise dorthin.

Nach einer kurzen Einführung ab Seite 16 stellen wir Ihnen im zweiten Kapitel fünf elementare Grundgedanken vor, die in der ein oder anderen Art immer daran beteiligt sind, wenn wir uns in unseren Gedankenbahnen verheddern und dadurch uns und manchmal auch anderen das Leben schwerer machen als nötig. Diese »Denkfallen«, wie wir sie nennen, sind wie Schubladen im Kopf, in die wir die ganzen Glaubenssätze, die wir im Lauf des Lebens formuliert haben (und noch formulieren), ablegen können. Es ist wirklich spannend, wie gut das Chaos im

Kopf letztlich strukturiert ist. Es sind nämlich nicht, wie man vielleicht denkt, Millionen von störenden Gedanken, die uns Schwierigkeiten bereiten, sondern es sind, der Schubladensystematik zufolge, nur fünf Gedankenkategorien. Das Ganze ist also einigermaßen übersichtlich.

Im Laufe der Lektüre werden Sie vermutlich auch feststellen, welche Ihre »Lieblingsschublade« ist – nämlich die, die am vollsten ist.

Im dritten Kapitel zeigen wir Ihnen dann fünf Wege auf, die Ihnen – neben den ordnenden fünf Grundkategorien – im Gedankenchaos helfen können, und das auf zweifache Art:

→ Zum einen führen sie raus aus der Denkfalle, die Sie bei sich identifiziert haben und in der Sie sich gerade befinden. Welcher Weg dabei der für Sie richtige ist, entscheiden Sie. Sie werden beim Lesen merken, welcher Typ Sie sind, etwa ob Sie bisher eher mit Entspannung oder eher mit Vitalität aus Stimmungstiefs und Problemsituationen geklettert sind. Vielleicht bekommen Sie beim Lesen aber auch Lust, die Methode der Beobachtung auszutesten, weil sie ganz gut zu Ihnen passen könnte. Oder es sind vor allem Konzentration und Selbstmitgefühl, die Ihnen beim Schubladenklettern Räuberleiter stehen sollen.

→ Zum anderen können diese fünf Vorgehensweisen – ganz egal, welche Sie wählen – im Vorfeld noch etwas ganz Wichtiges für Sie tun: Stellen Sie sich vor, Sie sind derartig im Stress, dass eine Einordnung in die Schubladen (Kapitel 2) gar nicht möglich ist. Dass Sie aufgrund des Chaos in Ihrem Kopf nicht in der Lage sind, eine Strukturierung der Gedanken zu leisten. In diesem Fall können Sie die Wege bereits vor dem Sortieren nutzen, um überhaupt erst mal in einen Zustand zu kommen, der es Ihnen erlaubt zu entscheiden, wie Sie Ihr Chaos am besten etikettieren (und der Denkfalle danach im zweiten Schritt auf die Ihnen angemessene Art entkommen).

Das vierte Kapitel zeigt anhand ausführlicher Fallgeschichten, wie Menschen ihren Denkfallen recht erfolgreich begegnet sind. Und Übungen im Buch setzen immer wieder Impulse, durch die Sie Ihren Fallen auf die Spur kommen und sich dagegen behaupten können.

DER EWIGE KREISLAUF:
HENNE ODER EI?

Bevor wir uns den eigentlichen Denkmustern oder -fallen zuwenden, wollen wir Ihnen einige grundsätzliche Überlegungen und Gedanken zur Funktion des menschlichen Geistes und der menschlichen Psyche vermitteln – also darüber, wie wir Menschen so ticken. Im Folgenden geht es um die Automatismen in unserem Kopf.

DER AUTOPILOT IN UNS

Den Großteil des Tages verbringen wir in einem Modus, den wir zwar den vergleichsweise wenigen Flugzeugen, die in der weiten Troposphäre des Himmels unterwegs sind, zutrauen, (noch) nicht aber den zahlreichen Autos auf unseren belebten Straßen: dem Autopiloten. Über die Hälfte dessen, was wir erleben und vor allem wie wir darauf reagieren, spielt sich nach festgefahrenen Mustern ab. Meistens nach solchen, die einmal erfolgreich waren und von denen wir deshalb glauben, dass sie das immer noch sind. Wir handeln also die meiste Zeit nach bestem Wissen und Gewissen. Und trotzdem gibt es mehr »Unfälle«, als uns und oft auch anderen lieb ist. Wieso vertrauen wir dann unserem Autopiloten so sehr – wenn wir doch der Erfahrung nach wissen müssten, dass er uns eben nicht immer sicher zu unseren Zielen führt? Ja, manchmal gleicht das, wo uns unsere Gedanken hintreiben, mehr dem Wahnsinn als einem Ergebnis des gesunden Menschenverstandes.

ERKLÄREN UND BEWERTEN

Wenn wir, während wir uns durch den Tag bewegen, Entscheidungen treffen, haben wir meistens automatisch eine bewusste oder unbewusste Erklärung für die Situation parat: »Das ist so, weil …« Und auch eine

Bewertung: »Das ist gut/nicht gut …«. Das sind sozusagen die Parameter, an denen sich der Autopilot orientiert – die Daten, auf die er zurückgreift. Während die Erklärung noch im inaktiven Bereich bleibt, bringt uns die Bewertung dann in der Regel dazu, auf eine bestimmte Weise zu handeln oder etwas Bestimmtes zu unterlassen. Wir haben sozusagen ein inneres Bild von der Situation, finden einen Grund dafür, warum das so ist, und nachdem wir entschieden haben, ob das für uns gut, schlecht oder egal ist, ziehen wir eine Konsequenz. Oder eben auch nicht. Das muss nicht immer eine Aktivität oder deren Vermeidung sein. Manchmal sind es einfach nur weitere Gedanken, die auf den ersten Dreiklang von

→ Beobachtung,
→ Erklärung und
→ Bewertung

folgen. Eine Schlaufe sozusagen. Diese Gedanken beobachtet der Autopilot in uns wiederum, sucht sich eine erneute Erklärung und bewertet das Ganze erneut. Unser Kopf leistet also ständig Schwerstarbeit. Meist ohne dass wir den Automatismus bemerken. Klar, dass einem da irgendwann »schwindlig« werden kann.

Nun ist so ein einzelner Gedanke samt Erklärung und Bewertung an sich keine große Sache. Im großen Meer der Gedanken – Schätzungen nach sind es über 50 000 täglich, die in unserem Kopf herumschwirren – ist ein einzelner nur eine kleine Welle.

»Wahnsinn ist, immer wieder das Gleiche zu tun und dabei andere Ergebnisse zu erwarten.«

ALBERT EINSTEIN | SCHWEIZER/US-AMERIKANISCHER PHYSIKER

Da es jedoch – aus eigentlich gutem Grund – zur Natur des menschlichen Geistes gehört, Probleme zu lösen, häufen sich Gedanken allerdings gerne und können so zuerst zu gedanklichen Flutwellen werden und schließlich auf Gefühlsebene Ebben und Fluten auslösen – und sich dann auf unser gesamtes Befinden ausweiten.

GEFÜHLE KOMMEN INS SPIEL

Wenn die Emotionen Fahrt aufnehmen oder ins Stocken geraten, dann reagiert darauf der gesamte Körper und wir können das Ergebnis unserer Gedanken schließlich sogar als Antrieb oder Lähmung erleben. Unser Herz schlägt schneller, Hitzewallungen treten auf oder Körperteile werden verspannt, hart und steif. Was wiederum Bewertungen hervorruft: »Warum bin ich denn jetzt so hektisch? Auf diese Weise kriege ich es nie hin, entspannt zu leben.« Henne, Ei – Ei, Henne: Unsere aus den automatischen Gedanken stammende Selbstverurteilung löst Gefühle aus, über die wir uns erneute Gedanken machen. So kann es ungewollt passieren, dass wir im automatischen Ablauf unseres Denkens einige Probleme nicht lösen können, weil wir gefühlsmäßig beeinträchtigt sind. Vielleicht sind wir sogar schon so eingefahren in Verhaltensmustern, dass sie zu Gewohnheiten geworden sind, deren Auswirkungen wir im Körper spüren. Die Probleme wurden also aufgrund des Zusammenhanges von Gedanken und Gefühlen (bis hin zu ihren körperlichen Auswirkungen) um einiges größer gemacht, als sie bei der Betrachtung aus einer anderen Perspektive oder unter anderen Vorzeichen vielleicht gewesen wären.

GEDANKEN ZUR RUHE BRINGEN

Jetzt könnte man schnell versucht sein zu sagen: Das können wir ja vermeiden, wenn wir nur gut genug unsere Gedanken und die inneren Muster bearbeiten. Und tatsächlich ist das ein Weg, den die »Glücksindustrie« seit Jahren erfolgreich verkauft. Wir werden aufgefordert, positiv zu denken und Wünsche ans Universum zu schicken. Oder wir sollen gleich komplett mit dem problematischen Denken aufhören und nur noch den Gefühlen folgen.

Theoretisch ist die Idee mit dem positiven Denken plausibel. Aber was, wenn es nicht auf Anhieb funktioniert? Dann steigt der Frustlevel weiter: »Das hat auch nicht geklappt!« Und man wertet sich selbst weiter ab: »Nicht einmal das schaffe ich!« Die andere Marschrichtung: »Hör einfach auf deinen Bauch!« bringt ebenfalls keine guten Lösungen. Denn es ist einerseits gar nicht so einfach, Zugang zu unseren Gefühlen zu finden. Und andererseits sind diese – aufgrund ihres engen Zusammenhangs mit den negativen Gedanken – auch nicht immer die besten Ratgeber.

NICHT der Leidenschaft folgen

In den USA wurde in den 1980er-Jahren durch den Mythenforscher Joseph Campbell der Satz »Folge deinem Glück« für einige Zeit sehr populär. Er schaffte es bis in die Wirtschaft hinein: Apple-Gründer Steve Jobs etwa rief junge Leute immer wieder dazu auf, beruflich ihrer Leidenschaft zu folgen. Und da Jobs ziemlich erfolgreich war, überzeugte das. Viele Leute sind auch aus dem Arbeitsmarkt ausgeschieden, um einer aus ihrer Sicht sinnvolleren Tätigkeit nachzugehen. Die Maxime, seiner Leidenschaft zu folgen, hat jedoch oft dazu geführt, dass das Kind mit dem Bade ausgeschüttet wurde. Die Nachhaltigkeit von neuen Weichenstellungen, die auf der Grundlage von Leidenschaften getroffen werden, sollte stets überprüft und das Ergebnis in die Entscheidung einbezogen werden. Um ein glückliches Arbeitsleben zu führen, muss man meist nicht alles auf einmal über den Haufen werfen. Oft reicht eine kleine Richtungsänderung in einem Teilbereich, sodass man neue Erfahrungen machen und gleichzeitig weiter auf bereits Erreichtem aufbauen kann.

Der Zusammenhang zwischen Gedanken, Gefühlen und Handlungen ist keine Einbahnstraße. Und man muss sich deshalb auch nicht darüber streiten, was zuerst da war: die Henne oder das Ei. Wenn man von beiden Richtungen her denkt, kann beides am Anfang stehen: sowohl die Henne als auch das Ei. Zwar lehrten Philosophen wie der Buddha seit Jahrtausenden das Konzept, dass die Gedanken die Gefühle und den Körper beeinflussen, doch kann das auch in umgekehrter Richtung wirken: Wenn wir körperliche Spannung loslassen, dann können auch manche quälenden Gedanken zur Ruhe kommen.

Versuchen Sie mit der folgenden Übung den wechselseitigen Zusammenhang zwischen Gedanken und Körper zu erspüren und setzen Sie so einen ersten Impuls, den Teufelskreis zu durchbrechen beziehungsweise den Gedankenmotor zu beeinflussen.

IMPULS

Bewusst Einfluss nehmen

- Schließen Sie die Augen und erinnern Sie sich an eine Situation, in der Sie sich sehr geärgert haben. Lassen Sie nun Ihren Gedanken freien Lauf. Alles ist erlaubt, von »Blöde Kuh« über »Das lasse ich mir nicht mehr gefallen« bis zu »...«. Zensieren Sie sich nicht.

- Nach einer Zeit richten Sie Ihre Aufmerksamkeit auf Ihren Körper: Spüren Sie Verspannungen? Liegt Ihre Stirn in Falten? Wie schlägt Ihr Herz?

- Wenden Sie sich nun Ihrer Atmung zu und versuchen Sie, mehr und mehr langsam und ruhig zu atmen. Was ändert sich? Vermutlich werden Sie entspannter in Körper und Gedanken.

DIE MECHANIK UNSERES DENKENS

Wenn wir etwas Bestimmtes erreichen wollen, messen wir gedanklich den »Abstand« zwischen unserer augenblicklichen Situation und dem gewünschten Ziel. Wir vergleichen – fast wie ein Ingenieur – den Istzustand und den Sollzustand. Wenn Ersterer vom Letzteren abweicht, dann überlegen wir, welche Schritte notwendig sind, um uns dem Wunschzustand zu nähern. Wir benutzen dazu die Werkzeuge und Erfahrungen, die wir im Laufe unseres Lebens erworben haben. Wenn wir beispielsweise bemerken, dass wir frieren, können wir uns wärmere Kleidung aus dem Kleiderschrank holen und sie anziehen oder wir drehen das Thermostat an der Heizung so weit auf, bis eine uns angenehme Temperatur erreicht ist. Wenn wir im Auto sitzen und bemerken, dass die Straße eine Kurve macht, benutzen wir das Lenkrad, um dem Verlauf der Straße zu folgen und an unser Ziel zu kommen. Unser Geist funktioniert aber auch andersherum. Womit wir wieder bei Henne und Ei wären: Er will uns von Situationen fernhalten, die uns unangenehm sind. Daher sendet er ein Warnsignal, wie zum Beispiel den Gedanken »Aufpassen!«, wenn das Auto – falls wir nichts unternehmen – von der Straße abdriftet. Wir können dann unseren Kurs korrigieren, alles aufgrund der automatischen Erklärungen und Bewertungen (siehe Seite 16). Der Autopilot im Kopf will uns stets an erwünschte Ziele bringen und von unerwünschten Zielen fernhalten.

DAS PRINZIP DER VERALLGEMEINERUNG

Um möglichst ökonomisch zu funktionieren, also um nicht jede neue Situation, in der wir uns befinden, von Grund auf neu untersuchen und bewerten zu müssen, nutzt unser Denkapparat die Fähigkeit zu verallgemeinern. Der Autopilot hat also eine Tendenz zum Generalisieren. Anders wäre der Vielzahl von Entscheidungen, die wir treffen müssen, nicht beizukommen. Im Grunde ist dieses Generalisieren also eine wunderbare Sache. Aber wenn wir das hier so ausdrücklich betonen, ahnen Sie sicher bereits, dass der Teufel dabei im Detail steckt. Denn Generalisieren ist nicht immer die wirtschaftlichste Lösung. Sie spart zwar oft Zeit und Energie – sie kann einen aber auch Kopf und Kragen kosten. Gedanken können nämlich – wenn der Autopilot mit ihrer Hilfe ein Problem ein- oder mehrmals erfolgreich gelöst hat – zu Gewohnheiten werden. Vorteil, wie gesagt: Wir müssen uns dann nicht jedes Mal erneut die Mühe machen, nach Erklärungen zu suchen, weil wir ja bereits davon ausgehen, diese zu kennen. Wir können diesen Schritt überspringen, also die Situation als bekannt interpretieren und direkt zur Bewertung übergehen. Kein Problem, wenn alle anderen Daten gleich sind, würde ein Mathematiker sagen. Aber wann im Leben sind schon alle »Daten« gleich? Welche Situation gleicht schon haargenau der anderen?

Unsere Fähigkeit zum Verallgemeinern ist also einerseits äußerst praktisch, sie kann aber auch problematisch werden: wenn sich beispielsweise ein »falsches Vorzeichen« einschleicht. Das geschieht, wenn wir etwas interpretieren und zu einem Ergebnis kommen, das für uns düsterer aussieht, als es ist: Ein wildfremder Mensch etwa fuchtelt mit den Händen und wir sehen das als Aggression – obwohl er vielleicht nur einem Freund winkt. Oder ein Bekannter grüßt nicht und wir denken, er schneidet uns – dabei ist er wahrscheinlich nur sehr mit sich selbst beschäftigt. Warum ist unser Geist so anfällig für negative Gedanken? Woher kommt unsere Tendenz, sie gleichsam zu sammeln, bis sie zu der oben genannten Flutwelle (Seite 18) werden?

HÄRTEFALL: GLAUBENSSÄTZE

Unsere Fähigkeit zu generalisieren lässt uns zu aufmerksamen Sammlern von für uns nützlichen Informationen werden. Wir speichern Erfahrungen aus der Vergangenheit, damit wir für die Zukunft gewappnet sind. Wir bündeln unsere Erinnerungen und zimmern Überzeugungen daraus – an denen wir dann manchmal wie an Kleister kleben bleiben. Dabei haben wir es aktuell oft mit ganz anderen Umständen zu tun als in der Vergangenheit. Trotzdem verhalten wir uns so, wie wir es gewohnt sind. Warum sollten wir unseren Glaubenssätzen auch nicht vertrauen, schließlich haben sie ja früher funktioniert. Und wenn negative Überzeugungen uns davon abhalten, gute Erfahrungen zu machen, können wir – fast schon erleichtert – aus vollster Überzeugung sagen: »Ich hab's ja gewusst!« Und unsere Glaubenssätze, Geschichten und Denkmuster sind anschließend noch ein bisschen fester geworden.

IMPULS

90 Prozent Vergangenheit

Man sagt, wenn einen etwas ärgert, dann hat das bis zu 90 Prozent mit der eigenen Vergangenheit zu tun, die aktuelle Situation ist tatsächlich nur zu zehn Prozent daran beteiligt. Wer auch immer dieses Zahlenverhältnis herausgefunden hat, es könnte etwas Wahres daran sein. Probieren Sie es aus:

- Rufen Sie sich eine aktuelle Situation ins Gedächtnis, in der Sie sich über jemanden geärgert haben – oder noch ärgern. Und jetzt treten Sie innerlich einen Schritt zurück, das heißt, nehmen Sie emotional wieder ein wenig Abstand von der Situation.

- Überlegen Sie: Kenne ich das von irgendwoher? Gab es früher eine ähnliche Situation, in der Sie so verärgert oder verunsichert waren? In der Schule, mit anderen Kindern oder Jugendlichen?

Das bedeutet nicht, dass die aktuelle Situation nicht auch falsch oder ungerecht sein kann. Wir heizen die emotionale Ladung allerdings noch zusätzlich durch Bezugnahme auf die Vergangenheit auf.

DER UNTERSCHIED
ZWISCHEN SCHMERZ UND LEID

Sicher kennen Sie den Satz »Ein Indianer kennt keinen Schmerz«. Vielleicht auch eine seiner Spielarten, etwa: »Ist doch nicht so schlimm!« Vermutlich waren Sie zwischen zwei und fünf Jahren alt, als Sie ihn hörten. Keine Sorge, dies ist kein Buch über Kindheitserfahrungen und ihre Auswirkungen auf das Erwachsenenleben. Doch kann es manchmal hilfreich sein, sich zu erinnern, wann man etwas zum ersten Mal gehört, erlebt, gefühlt hat und was das ausgelöst hat. Denn erste Erlebnisse hinterlassen immer einen bleibenden Eindruck. Und von diesen ersten Erlebnissen finden nun mal viele in der Kindheit statt. Zurück zum Schmerz. Einem Kind, das sich gerade wehgetan hat, mit dem Indianerprinzip zu begegnen, beraubt dieses einer wichtigen Erfahrung. Es verpasst etwas für das weitere Leben ganz Wichtiges: Schmerz spüren zu dürfen. Wie Sophia in der Geschichte auf Seite 25.

SCHMERZ ZULASSEN

Es kann viele Gründe geben, warum Eltern oder andere Bezugspersonen in einer solchen Situation so abwiegelnd reagieren. Einen davon kennen Sie vermutlich: Es ist schwer, den Schmerz eines anderen Menschen auszuhalten. Noch schwerer, wenn man die Person liebt. Aber es gibt auch weniger empathische Gründe: etwa wenn man selbst so gestresst ist, dass der Stress anderer, sogar der von Schutzbefohlenen, nur den Tropfen darstellt, der das Fass zum Überlaufen bringt, und man einfach nur genervt ist und will, dass das »Gejammer« aufhört. Wobei das Jammern des Kindes meist noch gar nicht eingesetzt hat. Wir sehen es nur voraus und unterdrücken mit irgendeiner Bemerkung den unmittelbaren Schmerz des Kindes – was bei ihm letztendlich zu Leid führt.

Schmerz zu spüren ist wichtig

Sophia, vier Jahre alt, ist mit ihrem Papa auf dem Spielplatz. Sie klettert die große Rutsche Stufe für Stufe nach oben. Fröhlich oben angekommen, macht sie sich bereit, den schnellen Weg nach unten anzutreten, und übersieht voller Vorfreude, dass am Rutschensims ein Junge sitzt. Sophia prallt nach einer kurzen Freudenfahrt hart mit dem anderen Kind zusammen. Nach einem kurzen Schock, der ihr den Atem zu rauben scheint, weil der Brustkorb einen Stoß bekommen hat, beginnt auch der Kopf zu hämmern. Auf den ersten Blick sieht sie ihren Vater nicht und ihr Herz beginnt, vor Angst wie wild zu schlagen.

Einige Momente später stürzt sie sich in Papas Arme und fängt an, heftig zu weinen und ihrem Schmerz freien Lauf zu lassen. Schon bald wird sie von der »tröstenden« Vaterstimme unterbrochen, die sagt: »Ist doch nicht so schlimm! Jetzt tut es bestimmt nicht mehr weh. Ich habe gesehen, dass du den Jungen nur leicht gerammt hast. Gleich ist es schon viel besser. Hier hast du einen Keks.« Was die kleine Sophia so fatalerweise lernt: Ich darf keine Schmerzen haben.

In der kleinen Fallgeschichte über Sophia haben wir den Schmerz des Kindes in einigen körperlichen Details beschrieben: Der Aufprall blockiert die Atmung, sodass der Brustkorb eng wird, der Kopf hämmert, das Herz rast. Das Kind hat nachvollziehbare, beschreibbare Schmerzen. Diese Schmerzen haben eine ganz spezifische Lebensdauer und verebben in vielen Fällen nach einiger Zeit. Meistens nach einer Phase der Entspannung, etwa wenn das Kind getröstet wurde. Wird diese natürliche Lebensdauer verfrüht unterbrochen, entsteht zusätzlicher Stress und das Gefühl, etwas nicht zu Ende geführt zu haben. Das kann so weit gehen, dass wir den Schmerz auf einer inneren Liste

»anschreiben«, die Reaktion also auf später verlegen und »rausholen«, wenn Platz dafür ist. Meistens ist der Zusammenhang dann nicht mehr erkennbar und wir leiden und weinen ohne ersichtlichen Grund.

WORAN MAN SCHMERZ ERKENNT

Um Schmerz von Leid gut unterscheiden zu können – und das ist wichtig, wenn wir uns mit unseren Denkfallen näher beschäftigen wollen –, helfen die folgenden Kriterien:

→ Schmerz hat in der Regel einen externen Auslöser.

→ Schmerz kann man im Körper verorten und er ist als physiologische Reaktion (zum Beispiel Herzklopfen, schnelle Atmung) auf den Auslöser oder als Körperempfindung (Gefühl der Enge, Kälte, Kloß im Hals …) spürbar.

→ Schmerz ist temporär, das heißt, er verschwindet nach einer gewissen Zeit meistens von selbst.

→ Schmerz kann rein körperlicher Natur sein, aber auch seelischer Schmerz zeigt sich in physiologischen Reaktionen.

→ Schmerzerinnerungen können sich anfühlen wie der originäre Schmerz.

→ Vor Schmerz kann man sich nicht proaktiv schützen, etwa durch positive Gedanken. Den externen Auslöser kann man nicht kontrollieren.

WIE LEID ENTSTEHT

Anders als der Schmerz, der sich auf verschiedene Arten im Körper manifestiert, ist Leid das Produkt unserer Gedanken. Nehmen wir dazu ein einschneidendes Erlebnis aus dem frühen Erwachsenenleben: die Trennung von der ersten Liebe. Obwohl in einer solchen Situation kein körperlicher Zusammenprall stattfindet wie bei Sophia auf der Rutsche, laufen ähnliche Stressreaktionen ab (siehe Fallgeschichte auf Seite 27). Trennungsschmerzen sind kaum auszuhalten. Wut, Trauer, Scham – viele starke Gefühle treten gemischt und mit voller Wucht auf.

Vom Schmerz zum Leiden

Die 24-jährige Sarah freut sich auf den gemeinsamen Kinoabend mit ihrer ersten großen Liebe. Beim vereinbarten Treffpunkt angekommen, wartet sie einige Zeit vergeblich, bis ihr Handy eine SMS anzeigt: »Sorry, tut mir leid. Es passt nicht mit uns. Habe mich in jemand anderen verliebt.« Die junge Frau glaubt, in den Boden versinken zu müssen. Die Knie werden weich, ihr Herz scheint zu zerspringen, der Kopf wird rot und heiß. Nur mit Mühe schleppt Sarah sich nach Hause und ruft von dort aus ihre beste Freundin an.

Am Telefon schluchzt sie, bis sie »leer« ist. Sie fühlt dabei Erleichterung. Und sie merkt, dass es nun weniger wehtut. Die Freundin hört ihr zu und so kann der Stressprozess langsam auslaufen. Der Schock weicht. In der Beruhigung macht sich nun aber etwas Neues breit: Wut. Sarah beginnt, üble Rachepläne zu schmieden und heftige Schimpftiraden loszulassen. Diese geben ihr Kraft. Doch nach einiger Zeit ebbt auch die Wut ab und das Gefühl der Leere wird wieder ganz groß.

Dieses Mal jedoch ist die innerliche Leere nicht aus dem Schmerz oder Schock heraus entstanden, sondern aus folgenden Gedanken: »Der hat mich einfach absermit«, »Ich bin es offensichtlich nicht wert, geliebt zu werden«. Das Leiden beginnt.

Zu gut hat es Sarah getan, dem Schmerz zu entkommen. Erst durch das Schluchzen und dann durch die Wut. Doch solcher Trost und Stressabbau kann sich verselbstständigen, indem wir beginnen, »Geschichten zu erzählen«, die helfen, den Schmerz zu unterdrücken: »IMMER passiert mir das« ist zum Beispiel eine beliebte Kopfstory. Oder indem Glaubenssätze gebildet werden: »Ich bin nichts wert.« Scheinbar (!) tröstend breiten sich diese Gedanken aus, weil sie scheinbar die Situation erklären. Vermutlich kennen Sie auch solche Geschichten, die Sie sich über sich selbst erzählen, um sich vordergründig besser zu fühlen. Und vielleicht haben Sie auch schon festgestellt, dass diese Geschichten sich wiederholen, obwohl der ursprüngliche Grund dafür – nämlich heftigen Schmerz auszuhalten oder zu unterdrücken – längst vorüber ist. Leid ist besonders daran zu erkennen, dass es in ständig sich wiederholenden Schleifen unseres Gedankenapparates verspult ist. Glaubenssätze über Glaubenssätze werden hier abgespielt, wie bei einer Schallplatte mit Sprung. Erkennen können Sie die leidvollen Gedankenschleifen daran, dass sie nach einiger Zeit keine Erleichterung mehr nach sich ziehen. Im Gegenteil, die Gedanken scheinen selbst zu Leid zu werden und wieder neue Gedanken zu produzieren, um vom anfänglichen Leid abzulenken. Und damit beginnt ein Kreislauf, der kaum mehr zu stoppen scheint und der seinen Ursprung so in den Hintergrund gedrängt hat, dass wir quasi »grundlos« leiden.

Im Zusammenhang mit unseren Denkfallen ist es also sehr wichtig, zwischen Schmerz und Leid zu unterscheiden: Schmerz will durchlebt werden, leidvolle Gedanken hingegen sind nicht zwingend nötig.

WORAN MAN LEID ERKENNT

→ Das Leid wird intern, durch Gedankenkonstrukte ausgelöst.

→ Leid verortet sich zunächst nicht im Körper, sondern wandert zwischen destruktiven Gedanken. (Allerdings: Leid kann doch so stark werden, dass es körperliche Schmerzen oder Störungen verursacht. Wir müssen also zwischen originärem und sekundärem Schmerz unterscheiden.)

→ Leid wiederholt sich und hat – anders als Schmerz – keinen eindeutigen Anfang und endet nicht von selbst. Es liegt an einem selbst, es zu aktivieren und weiterlaufen zu lassen. Oder es zu beenden, indem man seine Kopfgeschichten und Glaubenssätze infrage stellt.

→ Leid kann kurzzeitig helfen, Schmerz zu ertragen.

→ Leid kann durch unterdrückten Schmerz hervorgerufen werden.

→ Vor Leid kann man sich schützen, indem man Schmerz zulässt.

Dem Unterschied auf der Spur

- Lesen Sie die vorangegangenen Ausführungen über Schmerz und Leid aufmerksam durch.

- Spüren Sie in sich hinein: Wie fühlt sich Schmerz für Sie an? Wie fühlt sich Leid für Sie an: Welche körperlichen Anzeichen oder Körperregionen können Sie jeweils zuordnen?

- Wenden Sie sich zunächst dem Schmerz zu. Wie würden Sie einem Kind diesen Zustand beschreiben?

- Wie würden Sie einem Kind den Zustand Leid beschreiben?

Wenn Sie möchten, machen Sie sich Notizen, auf die Sie immer wieder zurückgreifen können, wenn Sie sich mit dem Thema weiter beschäftigen oder der Unterschied zu verwischen droht.

Hilfreich kann es auch sein, sich der Unterscheidung von Schmerz und Leid auf nonverbaler Ebene zu nähern:

- Welche Farbe hat der Schmerz, welche das Leid? Welche geometrische Form? ... Finden Sie weitere Zuordnungen (Auto, Getränk ...)?

- Malen oder zeichnen Sie Ihr Bild von Schmerz und Leid.

- Oder finden Sie Stellvertreter dafür: Welches Tier passt zu Schmerz, welches zu Leid? Welche Pflanzen entsprechen den beiden Zuständen?

Sowohl die exakte Körperwahrnehmung als auch Symbole helfen, die Unterscheidungskraft zu schulen. Je genauer wir unseren Freund (Schmerz, den wir zulassen sollten) und Feind (Leid, das wir aufrechterhalten) kennen, desto geordneter können wir beiden begegnen. Und das wiederum ist sehr hilfreich, wenn Sie sich im Folgenden mit Ihren Denkfallen auseinandersetzen.

Die fünf großen Denkfallen

Zigtausende Gedanken schwirren täglich durch unseren Kopf – das haben Wissenschaftler festgestellt. Die meisten davon stellen sich ohne unser Zutun ein, wiederholen sich häufig und wirken sich negativ auf unser Befinden und unsere Beziehungen aus. Glücklicherweise müssen wir uns nicht von jedem einzelnen dieser »feindlichen« Gedanken befreien. Denn sie alle lassen sich fünf Grundkategorien zuordnen.

ERST EINMAL ORDNUNG
SCHAFFEN

Sie sind kein großer Fan von Schubladendenken? Wir auch nicht. Und
dennoch, wenn es darum geht, großes Chaos zu beseitigen beziehungsweise übersichtlicher zu gestalten, können Schubladen ganz schön
nützlich sein. Nicht nur im Büro oder im Kinderzimmer, sondern auch
in unserem Oberstübchen. Noch mehr Ordnung entsteht, wenn die
Schubladen beschriftet sind. Dann wird, was chaotisch oder komplex
erscheint, überschaubar (siehe dazu auch Seite 14 bis 15).

ERKLÄRUNGEN HELFEN OFT NICHT WEITER

Wenn Sie schon einmal versucht haben, wiederkehrende destruktive
Gedanken, wie zum Beispiel »Ich bin ein Trottel« oder »Niemand mag
mich«, zu hinterfragen, dann haben Sie vermutlich noch nie auf ein
»Schubladensystem« zurückgegriffen. Dasselbe gilt wohl auch im
Hinblick auf Verhaltensweisen, mit denen Sie öfter anecken, und Erlebnisse, die sich wiederholen – etwa Ihre Partner lassen Sie regelmäßig
sitzen, Ihre Kollegen sind immer ein Quäntchen erfolgreicher als Sie …
Vielmehr haben Sie höchstwahrscheinlich Fragen gestellt und nach
Erklärungen gesucht: »Warum ist das bei mir so?« »Woher kommt
das?« »Womit hat das zu tun?« Eine solche Herangehensweise belegt
zwar Ihr Interesse daran, Muster durchbrechen zu wollen, doch führt es
in den seltensten Fällen zu wirklicher Veränderung. Denn der Geist ist
im Laufe der Zeit eine gut geölte Maschine geworden, die selbst lieber
nach eingespielten Mustern arbeitet. Neue Erklärungen befriedigen ihn
deshalb leider oft nur kurzzeitig. Zudem haben diese bedauerlicher-
weise auch die Eigenschaft, dass sie uns noch tiefer in die Wirren

unseres Denkens hineinführen. Denn oft entstehen Probleme nicht allein aus den Inhalten unserer Gedanken, sondern auch aus den Mechaniken, die wir uns mit der Zeit angeeignet haben, um unseren Alltag zu bewältigen (siehe dazu Seite 21 bis 22).

Man muss auch nicht immer tief in den Keller der Seele hinabsteigen, um Schwierigkeiten bei den Wurzeln zu packen. Manchmal, etwa bei therapeutischen Gesprächen, mag es am Anfang hilfreich sein, analytisch vorzugehen. Das gute Gefühl kommt dann aber nicht unbedingt daher, dass sich aus der Untersuchung der Vergangenheit eine wirkliche Veränderung ergibt, sondern einfach schon dadurch, dass man überhaupt wahrgenommen wird. Dazu ist ein Gegenüber hilfreich. Man kann sich – wenn die Probleme nicht zu drückend sind – jedoch auch selbst Aufmerksamkeit schenken, wenn man nicht rückschauend fragt »Woher kommt das?« und auch nicht vorwärtsschauend »Wie komme ich dahin, wo ich hinwill?«, sondern gegenwartsbezogen »Was wiederholt sich eigentlich gerade?«. Wenn man sich dann entschließt, neue Wege zu gehen, löst man die Probleme der Vergangenheit gewissermaßen in der Gegenwart, indem man einen Schritt nach vorne geht.

In diesem Kapitel möchten wir Ihnen daher weniger Erklärungsmodelle anbieten als Einordnungshilfen – also Schubladen –, sodass Sie, wenn Sie vor einem Berg von Problemen und negativen Gefühlen stehen, erst mal wieder die Orientierung gewinnen, bevor sie anfangen zu graben.

»Ich hätte viele Dinge begriffen, hätte man sie mir nicht erklärt.«

STANISLAW JERZY LEC | POLNISCHER SCHRIFTSTELLER

WAS IN DER GIFTKÜCHE GÄRT

Dass wir Menschen uns mit dem, was in unseren Köpfen vorgeht, nicht nur auseinandersetzen, sondern uns oft sogar richtiggehend herum-schlagen, ist kein Phänomen der heutigen Zeit. Bereits vor über zwei-einhalbtausend Jahren lokalisierten östliche Gelehrte die Ursache des Leids in den von ihnen so genannten »Kleshas«. Dieses Wort aus dem Sanskrit bedeutet »Trübung«. Oft wird es auch als »Gift« übersetzt. Gemeint sind damit die von den Weisen bei sich selbst und ihren Mitmenschen beobachteten »mentalen Schwingungen«, die den Geist verdunkeln – oder moderner ausgedrückt: Denken, das unser Hirn vernebelt – und die damit die Grundlage für all unser oft allzu mensch-liches Leiden bilden.

Der Buddha identifizierte drei solcher Kleshas, nämlich

→ Unwissenheit/Verblendung
→ Anhaftung/Gier
→ Abneigung/Hass

Buddha und das Leid

Siddharta Gautama war ein Königssohn, der um 500 v. Chr. in Nordindien lebte. Einer Prophezeiung nach sollte er entweder ein großer König oder ein großer Weisheitslehrer werden. Sein Vater »schützte« ihn deshalb vor Kontakt mit der Außenwelt und stellte ihm alles zur Verfügung, was für ein gutes Leben notwen-dig war. Eines Tages schlich Siddharta sich jedoch aus dem Palast und sah in der Welt das Leid von Geburt, Alter, Krankheit und Tod. Er ließ seine Familie und das weltliche Leben hinter sich, um Antworten auf die Frage zu finden, wie den vielen Formen von Leid begegnet werden kann, und begründete schließlich unter dem Ehrennamen Buddha (»der Erwachte«) seine Lehre.

Patanjali und der Geist

Über das Leben des legendären Yogameisters Patanjali ist nicht viel bekannt. Man nimmt an, dass er zwischen dem 2. und 4. Jahrhundert v. Chr. in Indien gelebt hat. Die von ihm verfassten Yoga Sutras begründeten die Philosophie des Yoga der Meditation. In einem achtstufigen Weg legte Patanjali dar, wie der unruhige Geist zu beherrschen ist. Und wie bei Buddha (siehe Seite 34) geht es dabei auch darum, Leid zu überwinden.

Der indische Gelehrte Patanjali erweiterte Buddhas Konzept auf fünf solcher Kleshas:

→ Avidya: Unwissenheit
→ Asmita: Identifizierung, Ego
→ Raga: Wunsch
→ Dvesha: Abneigung
→ Abhinivesha: Furcht

Glücklicherweise machten Buddha und Patanjali nicht bei der Beschreibung der Schwierigkeiten halt. Beide entwickelten ausgeklügelte Systeme, um gut damit umzugehen. Bevor wir uns diesen widmen, wollen wir uns jedoch zunächst die fünf »Gifte« genauer anschauen. Wir nennen sie hier »Denkfallen«, denn wie Sie aus dem vorhergehenden Kapitel wissen, sind es ja die Gedanken, die Leid verursachen. Und diese können wir ganz bestimmten Gedankenmustern zuordnen, nämlich solchen, die den Kleshas entsprechen beziehungsweise, wie wir vorher dargelegt haben, den Schubladen im Kopf. Hinter diesen feindlich anmutenden Mustern oder Giften steckt letztlich immer auch eine Idee, die uns »freundlich« gesinnt ist. Es ist nur die von unserem Autopiloten (siehe Seite 16 bis 18) vorgenommene Komplexitätsreduzierung, die uns den Blick verstellt. Wenn wir das erkennen, können wir so manche leidvollen Gedanken fahren lassen.

DENKFALLE 1:
»ICH WEISS BESCHEID!«

Die alten Weisen Buddha und Patanjali (siehe Seite 34 und 35), beschrieben das erste leidvolle Denkprinzip als eine falsche Wahrnehmung der Realität. Sie nannten es ein Missverständnis der Natur oder der Wirklichkeit. Wenn wir die entsprechende Denkfalle nun »Ich weiß Bescheid« nennen, so spielen wir damit auf ein »Nichtwissen« oder ein »falsches Wissen« an, das in der Aussage steckt: Wir Menschen gehen unbewusst davon aus, dass unsere Erfahrungen und unsere Wahrnehmungen wirklich und objektiv sind und unsere Handlungen und Verhaltensweisen, die sich daraus ableiten, deshalb richtig sind. Sie können es sein, müssen es aber nicht. Dennoch denken wir, wir wüssten sicher über die Wirklichkeit Bescheid.

AUF DEN BETRACHTER KOMMT ES AN

Nichts ist – laut Buddha und Patanjali – »aus sich selbst heraus, so wie es ist«. Das klingt philosophisch, birgt allerdings auch eine Menge konkretes Problemlösungspotenzial. Doch nehmen wir uns zunächst die Freiheit zum Philosophieren: Was ist aus sich selbst heraus, so wie es ist? Die Antwort lautet: nichts! Denn es braucht für alles und jedes immer etwas, das in Beziehung dazu steht.

Eine Rose ist eine Rose ist eine Rose – so ein vielzitierter Satz der Schriftstellerin Gertrude Stein. Stimmt das? Nun, sowohl für eine Biene als auch für einen Liebenden kann die Rose eine sinnliche Einladung sein. Mit unterschiedlichen Konsequenzen allerdings. Die Biene wird von der Rose durch deren Duft angezogen, holt sich den nahrhaften Nektar aus der Blüte und verwandelt ihn schließlich in Honig. Der oder die Liebende fühlt sich von der Geste des Schenkenden angezogen, die

Rose steht hier für Erotik und Zuneigung. Andere Menschen dagegen richten ihren Blick vornehmlich auf die Dornen, etwa wenn ein Liebesglück zu Ende geht. Die Rose ist also Nahrung, Liebespfand oder Symbol für schwierige Situationen. Sie hat – ausgehend von ihren Betrachtern – viele unterschiedliche Bedeutungen. Und das, was wir den ganzen Tag sehen, hören und anderweitig wahrnehmen, wird ebenso durch unsere Betrachtung gefärbt. Genauer: durch unsere persönliche Geschichte und die Art und Weise, wie wir sie uns wieder und wieder erzählen. Und wenn wir mit bestimmten Storys oder auch Glaubenssätzen (siehe Seite 10 bis 12 und Seite 26 bis 28) mehr oder weniger erfolgreich durch das Leben kommen, bestimmen diese Geschichten und Sätze unsere Gefühle und Handlungen – was wiederum unser »Erfolgsmuster« bestätigt. So werden Geschichten zur vermeintlichen Wirklichkeit. Auch wenn man die Dinge ganz unterschiedlich sehen kann.

ALLE SPIELEN DIE HAUPTROLLE

Blumen platzen nicht plötzlich in Vasen hinein. Sie entstehen aus Samen, wachsen und gedeihen mithilfe von Licht, Luft, Wasser und Nährstoffen, bis sie blühen. Und schließlich werden sie durch weitere Zufuhr von Sauerstoff zu übel riechendem Müll, positiv betrachtet, zu Kompost. Die Existenz der Rose ist abhängig von vielen Komponenten (die wiederum von anderen abhängig sind) – nicht nur von unserer Betrachtungsweise. Und die Rose kann selbst Teil von etwas Größerem sein, eines Blumenstraußes etwa. In beiden Fällen spielt sie quasi eine Nebenrolle. Und damit kommen wir zurück zur Denkfalle »Ich weiß Bescheid«: Wir denken und handeln meist aus der Perspektive der Hauptrolle heraus. Andere Menschen erzählen (sich) jeweils ihre Geschichte, in der sie die Protagonisten sind. So stehen viele – vermeintlich objektive – Realitäten nebeneinander. Und genau darin liegt das Problemlösungspotenzial: Das Problem birgt vielleicht die Lösung – wenn wir es anders betrachten.

Klagen einer Mutter

»Ich finde, dass meine Tochter ziemlich faul ist. Andere Kinder in ihrem Alter helfen viel mehr mit. Sind kooperativer. Mich macht das total fertig. Sie sieht einfach nicht ein, dass es so nicht weitergeht.« So klagte Sabine, Mutter der 16-jährigen Julia, in einer Therapiestunde. Gemeinsam haben wir herausgearbeitet, dass Sabine sich diese Sätze – in abgewandelter Form – seit Jahren immer und immer wieder sagt. In ihrer Welt ist ihre Tochter faul. Und jeder, der etwas anderes sagt, der sieht das »nicht richtig« oder »hört nicht richtig zu«. Konstruktive Gedanken und Gespräche, die an der Situation etwas ändern könnten, waren lange Zeit nicht möglich. Sabine war überzeugt davon, dass sie, und nur sie, Bescheid weiß – und saß in einer Denkfalle.

Wie wir an früherer Stelle (siehe Seite 16 bis 22) dargelegt haben, ist es in vielen Situationen gut, ja überlebensnotwendig, dass wir automatisch handeln. In Sabines Fall (oben) – und in vielen anderen Fällen von Bescheidwissen auch – steht uns dieser Mechanismus aber im Weg und sorgt für Ärger, Wut und belastete Beziehungen.

DIE FALLE ERKENNEN

Sie wissen nun, was die Denkfalle 1 ausmacht, nämlich den eigenen Standpunkt als absolut zu setzen und andere Perspektiven nicht zuzulassen, geschweige denn sie – wenigstens probeweise – einzunehmen. Es stellt sich nun aber die Frage: Wie erkenne ich, ob das Muster »Ich weiß Bescheid« bei mir wirkt, dass mein Blick getrübt ist? Und zwar so sehr, dass ich mich immer wieder in Situationen befinde, die mir das Leben schwer machen, unter denen ich leide (siehe Seite 26 bis 29)?

Eins vorweg: Dieses Muster ist schwer zu erkennen. Denn schließlich haben Sie eine Brille auf, die Sie genau das als »richtig« erkennen lässt, was Sie durch diese Brille sehen. Ein Weg wäre, die Brille abzunehmen. Dazu müssten Sie aber erst einmal wissen, dass die auf Ihrer Nase sitzt. Hier ein paar Hinweise, woran Sie merken, dass Sie durch die Bescheidwisserbrille schauen.

SCHNELL GEURTEILT UND ENTSCHIEDEN

Wer die Dinge richtig sieht und genau Bescheid weiß, braucht – wie die Mutter in der Fallgeschichte auf Seite 40 – auch nicht lange zu fackeln. Das heißt konkret: nicht genau hinzuschauen. Diese Denkfalle führt entsprechend dazu, dass wir …

→ … sehr schnell Urteile fällen, vor allem über andere: »Julia ist faul.«

→ … die Schuld für die ungute Situation anderen zuschieben: »Julia sieht ihren Fehler nicht ein.«

→ … sofort wissen, was zu tun ist: »Julia muss sich ändern.«
Mit welchem Ergebnis? Dass unser Problem nicht gelöst wird, weil wir die eigene Verantwortung von uns weisen – der oder die andere soll es (für uns) lösen – und weil wir uns von der Brille vorgaukeln lassen, alles Für und Wider bereits abgewogen zu haben. Der komplexen Aufgabe, aus verschiedenen Blickwinkeln auf die Angelegenheit zu schauen und dann erst zu urteilen, verweigern wir uns.

WIE SICH DIE DENKFALLE ANFÜHLEN KANN

Denken hilft nicht so recht weiter, um die Fallen zu erkennen (siehe Seite 32 bis 33). Denn gerade das Denken ist ja die Quelle, aus welcher heraus ein Teufelskreis entsteht, beziehungsweise es sind häufig Gedanken, die so manches Übel ins Rollen bringen (siehe Seite 10 bis 11). Wenden wir uns also lieber den Gefühlen zu. Hier bei der ersten Denkfalle lassen sich zwei Grundgefühle ausmachen. Sie fühlen sich

→ entweder als Sieger

→ oder als Verlierer.

Die Siegervariante: Ich habe die Deutungshoheit

Aus Ihrer Sicht gibt es ja nur den einen, nämlich Ihren Weg und keine
Optionen oder Alternativen. Das gibt Ihnen das Gefühl, über andere
erhaben zu sein. Sie tragen die Krone auf dem Kopf und halten das
Zepter in der Hand. Sie besitzen sozusagen die Definitionsmacht oder
die Deutungshoheit und fühlen sich intellektuell und moralisch überlegen. Dadurch empfinden Sie vielleicht auch Euphorie, die Ihnen signa-
lisiert, dass Sie selbstbewusst sind, entschlossen und über so viel Erfahrung verfügen, dass Sie es einfach besser wissen müssen als andere. Ein
Zustand, der sich zunächst ziemlich gut anfühlen kann und wenig mit
Leiden (siehe Seite 26 bis 28) zu tun hat. Doch Vorsicht, das alte bibli-
sche Sprichwort »Hochmut kommt vor dem Fall« ist nur einen Stein-
wurf entfernt. Selbstbewusstsein und Selbstüberschätzung liegen nicht
selten dicht nebeneinander.

Auf andere Beteiligte – etwa in einem Konflikt mit dem Partner, der
Chefin oder den Kindern – wirken Sie in Ihrer Siegerpose übrigens
sehr schnell überheblich, anmaßend und intolerant. Und Hand aufs
Herz – fühlen Sie das nicht manchmal auch selbst?

Die Verlierervariante: Ich brauche keine Hilfe

Wenn Sie in der Bescheidwisserfalle sitzen, können sich allerdings auch
Gefühle von Überforderung und Hilflosigkeit einstellen. Und das
gerade deshalb, weil Sie keine Möglichkeiten sehen, nach links oder
rechts zu gehen. Sie fühlen sich stark eingeengt, wie gefangen.
Durch Ihre Äußerungen und Ihr Verhalten scheinen Sie zwar auch
Krone und Zepter zu besitzen, wirken auf Ihr Gegenüber aber eher
ohnmächtig, vielleicht sogar schutzbedürftig. Doch alles, was man
Ihnen in der Situation dann an Hilfe anbietet, bügeln Sie, ohne zu
überlegen, ab. In jedem Tipp finden Sie ein Aber und in jeder Aufmun-
terung ein Andererseits. Egal, was passiert, Sie bleiben sitzen, wo Sie
sind – in der Falle. Aussichtslosigkeit und Verfahrenheit sind hier die
Kehrseite der Bescheidwisserei.

Schon mal unrecht gehabt?

Mit folgenden Rückblicken können Sie die Denkfalle »Ich weiß Bescheid« einkreisen – ob und wann Sie bei Ihnen zuschnappt und wie Sie sich bei Ihnen ganz persönlich bemerkbar macht. Sie können aber auch herausfinden, wie sich das Gegenteil anfühlt.

- Versuchen Sie, sich an eine Situation zu erinnern, in der Sie bis aufs Blut davon überzeugt waren, dass Ihre Meinung die richtige ist. Was haben Sie gesagt? Wie haben Sie sich gefühlt – wie Superman oder eher wie der Pechvogel Donald Duck? Und wohin hat das Ganze geführt?

- War es Ihnen möglich, Ihre Sicht in dieser Situation zu öffnen? Und wenn ja, wie? Wie fühlten Sie sich, als Ihre Meinung nicht mehr allein maßgeblich war? Erleichtert, beschämt, belustigt oder gekränkt…?

- Oder fällt Ihnen eine andere Situation ein, in der das Denkmuster im Hintergrund stand, viele Meinungen gelten durften? Welche Gefühle haben Sie gespürt – Zuneigung für andere, Offenheit, Freiheit…?

DIE PERSPEKTIVE WECHSELN

Standpunkt, Blickwinkel, Perspektive – diese Schlagwörter sind bei unserer Beschreibung der Denkfalle »Ich weiß Bescheid« mehrmals aufgetaucht. Und hier liegt auch der Problemlösungsansatz: Statt grundsätzlich auf Autopilot zu schalten, lohnt es sich, auch mal wieder selbst zu fahren. Oder die Brille abzunehmen, um ruhig mal etwas unscharf zu sehen, damit Sie erfahren: Nicht genau Bescheid zu wissen bringt Sie nicht um. Beides heißt in diesem Fall konkret, einen Schritt zurückzutreten und die Dinge auch mal aus der Perspektive der anderen zu betrachten, deren Sicht in die eigene Beurteilung einzubeziehen und weitere Umstände, die Einfluss auf die gegebene Situation haben, abzu-wägen. Sabine zum Beispiel könnte Ihren Blick stärker darauf richten, was ihre Tochter alles tut – nicht nur darauf, was diese nicht tut. Julia ist nämlich sozial sehr engagiert und zudem recht gut in der Schule. So würde sich die häusliche »Faulheit« bald relativieren.

Aber natürlich ist das alles nicht so einfach, wie es sich hier anhört. Wir können nicht hoppla hopp von heute auf morgen den Schalter umlegen und plötzlich ganz offen, veränderungsbereit und tolerant sein. Gerade wenn wir uns mal wieder in unguten Situationen verheddert haben. Dann funktionieren Selbstwahrnehmung und Urteilskraft meist nicht mehr so recht. Was dann? Fragen Sie einen Freund oder eine andere Person, die Sie gut kennt, wie sie die aktuelle Situation wahrnimmt. Das kann Sie davor bewahren, sich zu verrennen. Menschen, die viel Zeit ihres Lebens miteinander verbracht haben, sagen beispielsweise manch-mal: »Meine Frau kennt mich am besten.« Da ist etwas Wahres dran, auch wenn Sie – davon gehen wir aus – sich im Großen und Ganzen selbst gut einschätzen können. Zwischen dem Expertenstatus, den Sie im Hinblick auf sich selbst haben, und dem gesunden Abstand, den ein anderer zu Ihnen einnimmt, liegt die Brücke, über die Sie immer wieder mal gehen sollten, besonders in Ausnahmesituationen.

> »Was wir wissen, ist
> ein Tropfen, was wir
> nicht wissen, ein Ozean.«

ISAAC NEWTON | ENGLISCHER NATURFORSCHER

Buddha und Patanjali (siehe Seite 34 und 35) haben uns einige Handreichungen hinterlassen, die uns dabei helfen, unseren Weg aus den verschiedenen Denkfallen zu finden. Sie bilden sozusagen den Boden, auf dem Lösungsschritte – wie zum Beispiel ein Perspektivwechsel – gedeihen können. Diese Handreichungen oder Wege stellen wir Ihnen ab Seite 83 vor. Doch zunächst noch ein kleiner Abschlussimpuls, bevor wir uns dann der nächsten Denkfalle widmen.

IMPULS
Gemeinsam Bilder betrachten

Mit den folgenden beiden Übungen setzen Sie auf spielerische Weise einen Impuls zum Perspektivwechsel. Hier wird Ihre Fantasie angesprochen, die Bilder sind ein offenes Feld und Sie haben noch keine festgefahrene Meinung dazu. So lernen Sie, andere Standpunkte leichter zuzulassen.

- Wenn Sie kleine Kinder, etwa im Alter zwischen drei und sechs Jahren, in Ihrer Umgebung haben, dann lassen Sie sich ein selbst gemaltes Bild zeigen. Überlegen Sie, was Sie sehen. Dann fragen Sie das Kind, was es selbst in dem Bild sieht. Erzählen Sie einander von den unterschiedlichen und gleichen Sichtweisen auf das Bild.

- Alternativ könnten Sie mit einer Freundin, Ihrem Partner, Ihrer Tochter ... in ein Museum oder eine Galerie gehen. Betrachten Sie zwei oder drei Bilder gemeinsam und erzählen Sie sich gegenseitig, was Sie sehen, wie das Bild auf Sie wirkt. Wiederholen Sie einen solchen Museumsbesuch mit immer wieder anderen Menschen.

DENKFALLE 2:
»ICH DENKE, ALSO BIN ICH!«

Ganz zu Anfang des Buches (Seite 10) haben Sie bereits Bekanntschaft mit diesem Denkmuster gemacht: Aus einem bestimmten Ereignis heraus entsteht ein destruktiver Gedanke, der sich als Gefühl in uns ausbreitet, und wir glauben dann, dass dieser Gedanke und dieses Gefühl unsere gesamte Persönlichkeit ausmachen. Wenn wir zum Beispiel mit einem Vorhaben scheitern, fühlen wir uns leicht ganz grundsätzlich als Versager. Dieser Vorgang hängt eng damit zusammen, dass Menschen ihr Ego, die Identifikation mit dem eigenen Ich, sehr hoch hängen. Wegen dieses Zusammenhangs von Erleben, Denken und Sein nennen wir die Denkfalle, die dem zweiten von Patanjalis »Giften« zugeordnet ist (siehe Seite 35): »Ich denke, also bin ich!« – entsprechend dem Philosophen René Descartes, der das westliche Denken stark geprägt hat.

WIR WOLLEN UNS SCHÜTZEN

Obwohl wir wissen, dass wir nicht in einem Solostück spielen (siehe Seite 38 bis 39), sondern Teil eines Ensembles sind, geht etwas in uns wie selbstverständlich davon aus, dass unser Part der wichtigste ist. Ohne unsere Person würde alles zusammenbrechen. Da ist es nur naheliegend, dass wir vor allem uns selbst schützen wollen. Wir neigen dazu, nicht als ein »Wir« zu denken, sondern als »Ich«.
Diese Haltung, dass wir uns vorrangig als etwas von anderen Getrenntes sehen und glauben, uns schützen zu müssen, kommt uns natürlich dann in die Quere, wenn wir eigentlich davon profitieren würden, Teil einer größeren Sache zu sein. Wie viele Menschen sehnen sich zum Beispiel nach einer Partnerschaft oder einer Familie. In dem Moment

aber, in dem sie dieses Ziel erreicht haben, bemerken sie, dass jetzt etwas Wichtiges zu fehlen scheint: Die Verbindung und die Verbundenheit mit anderen scheint die eigene Autonomie aufzuheben oder wenigstens stark zu schmälern. Die Fokussierung auf dieses – ebenfalls wichtige – Bedürfnis schneidet uns konsequent von dem ab, was uns ursprünglich erstrebenswert schien. Plötzlich gilt es, etwas zu verteidigen.

IDENTITÄT IN GEFAHR

Eigentlich sollte uns die Unterscheidung zwischen »ich« und »die anderen« zur Orientierung in praktischen Dingen des Zusammenlebens helfen. Denn tatsächlich müssen ja alle Bedürfnisse – auch unsere eigenen – berücksichtigt werden. Aber was passiert, wenn unsere eigenen immer das Erste sind, was uns in den Sinn kommt? Dann bestimmt ein Gedanke wie: »Und wo bleibe ICH?« unser Fühlen und Verhalten. Sich in so einem Gedanken festzubeißen ist das eine. Ihn wieder loszulassen fällt uns in der Regel unglaublich schwer. Das liegt daran, dass wir, je mehr wir in einen Gedanken verstrickt sind, glauben, dieser zu sein. Von ihm Abstand zu nehmen empfinden wir als Bedrohung unserer Identität. »Sind doch bloß Gedanken« wäre eine Einstellung, die hier weiterhelfen könnte. Doch leider werden Gedanken allzu schnell zu Glaubenssätzen und damit zu festen Säulen unserer Persönlichkeit.

»Und wohin ich auch steige,
überallhin folgt mir mein
Hund, der heißt ›Ich‹.«

FRIEDRICH WILHELM NIETZSCHE | DEUTSCHER PHILOSOPH

Beförderung ins Abseits

Arne, Mitte 40, war zunächst im Vertrieb eines mittelständischen Unternehmens tätig. Er war häufig unterwegs, viel im Austausch mit anderen Menschen und wegen seiner stets guten Laune allseits beliebt. Er tätigte seine Geschäfte, plauderte aber mit den Geschäftspartnern auch einfach mal beim Kaffee oder bei einem Absacker.

Dann wurde Arne befördert und er wechselte in die Marketingabteilung. Die Beförderungsfeier genoss er noch, doch schon am nächsten Tag fühlte er sich, als hätte er einen Arm verloren. In jedem Meeting machten sich Unsicherheit und Unbehagen breit. Nicht etwa, weil er den Aufgaben nicht gewachsen wäre – er war aus gutem Grund befördert worden –, sondern weil er sich selbst nicht mehr spürte. Seine Frohnatur schien keinen Platz mehr zu haben. Er dachte, er müsse mehr Ernsthaftigkeit zeigen. Zunehmend fühlte er sich erschöpft, niedergeschlagen und leicht aggressiv. Dieses Gefühl plagte Arne über Monate.

Arne aus der Fallgeschichte glaubte, dass die höhere Position nicht mit seiner »Frohnatur« zu vereinbaren wäre. Er schnitt sie gewissermaßen von sich ab. Da er sich aber so stark mit dieser Eigenschaft identifiziert hatte, fühlte er sich »amputiert« und entwickelte psychische Symptome. Im Laufe seiner Therapie lernte er jedoch, dass er nicht allein durch gute Laune definiert ist, sondern dass ihn viele Eigenschaften ausmachen.

DIE FALLE ERKENNEN

Denkfalle Nummer 2 zeigt sich darin, dass wir unser Bild von uns unbedingt aufrechterhalten wollen – koste es, was es wolle. Oder dass wir sehr leiden, wenn wir (wie Arne) uns von diesem Bild trennen.

ANGST VOR DEM VERSCHWINDEN

Es ist äußerst anstrengend, ständig in Habachtstellung zu sein, um seine Identität, sprich seine Gedanken, Geschichten und Glaubenssätze notfalls sofort verteidigen zu können. Dass man dabei oft ziemlich rigide und unnachgiebig auf andere wirkt und dies auch zurückgespiegelt bekommt, treibt ausgeprägte »Ichlinge« nur noch tiefer in ihre Verteidigungshaltung hinein – was wiederum noch mehr Kraft kostet. Aber sie können nicht locker lassen, schließlich geht es nach ihrem Empfinden um die blanke Existenz.

Menschen, die in der Denkfalle »Ich denke, also bin ich!« sitzen,

→ sind oft ziemlich gestresst und erschöpft,

→ halten hartnäckig an ihrer Vorstellung von der eigenen Identität fest oder werden krank, wenn sie sich aus irgendeinem Grund von dieser Vorstellung trennen (müssen),

→ bügeln Reaktionen aus ihrem Umfeld häufig rigoros ab.

Falls diese Punkte auf Sie zutreffen, können Sie Ihre konkreten Identitätsgedanken vielleicht schnell der Denkfalle 2 zuordnen. Meist kommt das Wort »Ich« darin vor und sie enthalten – offen oder versteckt – Hinweise auf eine Abgrenzung zu anderen.

Die Kennzeichen der Denkfalle lassen aber auch erkennen, dass es letztlich ziemlich schwierig ist, das Egogift unschädlich zu machen. Loslassen ist, wenn es um das – meist mühsam aufrechterhaltene – Bild von uns selbst geht, ganz besonders schwierig. Denn schließlich haben wir schlicht Angst davor zu verschwinden. Denkmuster 2 steht damit in engem Zusammenhang mit Denkmuster 5 (ab Seite 72).

LEICHT ZU VERUNSICHERN

Wer starr an etwas festhält und Angst hat, sich zu verlieren, ist viel leichter zu verunsichern als jemand, der eher flexibel auf seine Umgebung und auf Veränderungen seiner Lebenssituation reagiert. Wenn Sie in Denkfalle 2 festsitzen, kann es daher gut sein, dass Sie es nur schwer aushalten, wenn Ihre Kinder heranwachsen und sich in Bereiche aufmachen, die Ihnen fremd sind. Etwa wenn Sie sehr technik- und wissenschaftsorientiert sind und Ihre Tochter möchte auf die Schauspielschule gehen. Sie ist völlig anders in der Welt unterwegs als Sie, was von außen betrachtet ja normal, zumindest nicht schlimm ist, es könnte eigentlich sogar interessant sein. Sie aber empfinden das fast als Angriff auf Ihre Identität und meinen, sich wehren zu müssen. Unabhängig davon neigen Sie insgesamt dazu, alles, was andere tun, auf sich zu beziehen. Ein Blick, eine kleine Bemerkung könnte ja schon bedeuten, dass jemand an Ihrem Selbstverständnis kratzt. So schwer es Ihnen fällt, sich in einer Gemeinschaft zurechtzufinden, deren Mitglieder ganz anders aufgestellt sind als Sie, so wohl fühlen Sie sich unter Gleichgesinnten, das heißt in Ihrem Fall unter Menschen, die Sie genau für das schätzen, was Sie glauben zu sein. Dann fühlen Sie sich sicher.

WIE SICH DIE DENKFALLE ANFÜHLEN KANN

Schauen wir uns an, wie sich die Falle »Ich denke, also bin ich« auf Ihr Gefühlsleben auswirkt:

→ Ihre starke Fixierung auf das eigene Ich führt dazu, dass Sie fast ständig unter dem Druck stehen, sich rechtfertigen zu müssen.

→ Gleichzeitig fühlt sich Ihr starres Festhalten auch als Unfreiheit an – es ist stärker als Sie, Sie können nicht anders.

→ Das Gefühl, auf eine Rolle oder einen Gedanken festgelegt zu sein, führt wiederum dazu, dass Sie Impulsen nicht folgen können, die Ihnen spontan Freude bereiten würden.

→ Sie fühlen sich sehr leicht – man könnte fast sagen grundsätzlich – angegriffen und infrage gestellt, wenn jemand etwas anderes in Ihnen sieht, als Sie selbst es tun.

→ Andere empfinden Ihre Art häufig als dogmatisch, engstirnig und streng und manchmal fühlen Sie sich selbst auch so.

→ Die Kehrseite davon ist: Sie haben auch oft das Gefühl, besonders klar, verlässlich und charakterfest zu sein, und meinen, dass das auch der Eindruck ist, den Sie bei anderen hinterlassen.

Innere Bilder loslassen lernen

Wenn Sie starre Identitätsvorstellungen auch mal hinterfragen möchten, dann sollten Sie die Rolle, mit der Sie sich identifizieren, erst einmal klar benennen. In einem zweiten Schritt können Sie dann herausfinden, wie diese Vorstellungen konkret wirken, um sie schließlich etwas loszulassen.

- Wie würde der Satz: »Ich bin der/die, ... oder der/die immer, ...« in Ihrem Fall weitergehen? Solche Sätze könnten lauten: »Ich bin ein Wissenschafts-mensch und kann – im Gegensatz zu allen anderen in meinem Umfeld – alles bestens analysieren.« Oder: »Ich bin der absolute Künstlertyp, ich habe außerordentlich viel Fantasie.« Oder: »Ich bin sportlich und immer gut trainiert, mir kann in punkto Fitness und Figur keine das Wasser reichen.« Neben solchen Varianten, die eine große Selbstüberzeugung belegen, gibt es aber auch die »Opfervariante«, die sich vielleicht so äußert: »Immer werde ich ausgenutzt.« Oder: »Immer muss ich mich um alles kümmern, die anderen tun gar nichts.«

- Wenn Sie Ihr Selbstbild herausgefunden haben, dann überlegen Sie, in welchen Situationen es Ihnen im Weg stand und steht. Wer war daran beteiligt? Wie genau sah der Konflikt aus? Je mehr solche Beispiele Sie finden, umso besser können Sie in Zukunft ähnliche Situationen erkennen.

- Stellen Sie sich nun vor, Sie würden von heute auf morgen damit aufhören, an Ihrem Bild festzuhalten, und spielen Sie in Gedanken die oben gefunde-nen Situationen ohne Ihr Selbstbild durch. Was genau ändert sich? Wie fühlt sich das für Sie an? Auch hier gilt: Je genauer Sie sich Alternativen vorstellen, desto einfacher wird es auch im wirklichen Leben, sich – wenigstens mal probeweise – vom eigenen Selbstbild zu trennen. Damit ist ein erster Schritt getan, aus der Denkfallenschublade rauszukommen.

EIN WENIG FLEXIBLER WERDEN

In den vorhergehenden Ausführungen war immer wieder vom »Bild«, das man sich von sich selbst macht, und von der »Rolle«, die man spielt, die Rede. Man könnte auch den Begriff »Fassade« verwenden, denn schließlich geht es ja nur um eine vordergründige Idee, nicht um den ganzen Menschen. Aber wo findet man – wenn man an dieser Stelle etwas ändern möchte – die »Abrissbirne« für die schon x-mal renovierte und neu gestrichene Außenmauer? Die Lösung soll ja im Problem liegen, wie wir schon mehrmals betont haben.

Nun, wer mit der zweiten Denkfalle zu kämpfen hat, ist ja strenger Bewahrer seines Selbstbildes. Dies betrifft sowohl den Inhalt als auch den Grad der Identifikation damit: einmal Weltverbesserer, immer Weltverbesserer, einmal Prinzessin, immer Prinzessin – beispielsweise. Doch was man bewahren muss, könnte man auch ändern, sonst wäre das Bewahren überflüssig. Und da wir unser Selbstbild ja selbst erschaffen haben, liegt es eigentlich auf der Hand, dass wir es auch neu gestalten könnten. Der Schlüssel liegt also auch hier in der Denkfalle selbst begraben. Wenn der Grad an Identifikation allerdings sehr hoch ist, dann geht damit die felsenfeste Überzeugung einher, dass unser Selbstbild objektiv und vollkommen richtig ist. Das heißt, Denkfalle 2 ist eng mit Denkfalle 1 verbunden: »Ich weiß Bescheid!«. Insofern hilft auch hier ein Perspektivwechsel weiter (siehe Seite 43 bis 45 sowie die Übung auf Seite 51).

Es geht aber auch darum, ein etwas höheres Maß an Flexibilität zu erreichen. Denn Identifikation ist ja per se nichts Schlechtes. Wie eingangs schon gesagt, darf und muss auch das Bedürfnis nach Eigenständigkeit und Abgrenzung zu seinem Recht kommen. Und die Fähigkeit unseres Geistes, Identifikation zu schaffen, ist etwas sehr Nützliches: Zu wissen, wer und was wir sind, schafft Halt und Orientierung. Wir verlieren uns nicht im Meer der unzähligen Möglichkeiten und finden uns zurecht, indem wir Unterschiede erkennen.

Auch die Gedanken beziehungsweise ihre Inhalte sind nicht grundsätzlich Stolpersteine oder halten ausnahmslos Fallen bereit, sie sind vielmehr ein Geschenk: Wie schön es doch sein kann, seinen Gedanken nachzuhängen! Was man in Gedanken nicht alles sein und erleben kann. Unser Gedankenkraftwerk ist ein unbegrenztes Feld der Möglichkeiten – hier können wir sein, was wir wollen, wann wir es wollen. Das kann nicht nur Spaß machen, sondern auch sehr hilfreich sein, um uns zum Beispiel die Langeweile zu vertreiben, aber auch um unschöne Ereignisse der Vergangenheit, die noch sehr nachhängen, zu bearbeiten und neu zu interpretieren.

Nutzen Sie also das Potenzial Ihres Geistes und wandern Sie zwischen bewahren und erschaffen, zwischen festhalten und loslassen. Die folgende Übung hilft Ihnen dabei.

IMPULS
Ein Spiel mit Identitäten

- Nehmen Sie einen Zettel zur Hand und beschreiben Sie sich in einem Wort. Zum Beispiel Romantikerin, Sportskanon, Frohnatur ...

- Weisen Sie sich in einem zweiten Schritt eine völlig andere Beschreibung zu und stellen Sie sich vor, wie Sie als diese »Identität« durchs Leben gehen. Wie fühlen sich typische Alltagssituationen so an? Spielen Sie verschiedene Varianten durch.

- Probieren Sie Ihr Anderssein dann einfach auch einmal im Alltag aus. Es kann nicht viel passieren – höchstens, dass Sie ein wenig Verwunderung ernten. Im besten Fall stellt sich ein Gefühl von Befreiung bei Ihnen ein.

DENKFALLE 3:
»ICH WILL DAS ABER SO!«

Der indische Gelehrte und Yogameister Patanjali (siehe Seite 35) nennt das dritte »Gift«, das Leiden verursacht, »Wunsch«. Häufig wird es auch »Verlangen« oder »Begierde« genannt. Es geht hier um Wünsche, die sich so verselbstständigt haben, dass aus ihnen ein Verlangen erwächst, das nicht mehr kontrolliert werden kann. Ein Nichtwollen ist kaum möglich, fast wie bei einer Sucht. Die Denkfalle, die sich daraus ableitet, würde also lauten: »Ich will das!« oder »Ich will das so!«. Wir haben noch das Wörtchen »aber« eingefügt, weil sich daran der Kern der Falle deutlich herauskristallisieren lässt.

DAS KLEINE WÖRTCHEN »ABER«

In dem kleinen Wörtchen »aber« schwingt eine gute Portion Trotz mit: »Die Schokolade ist (eigentlich) nicht gut für mich, ich esse sie aber trotzdem.« »Ich habe zwar im Moment das Geld dafür nicht, kaufe die Schuhe aber trotzdem – mit der Kreditkarte.« »Ich weiß, dass du anderer Meinung bist, will aber trotzdem, dass du mir recht gibst.« Es ist, als wollten wir uns mit dem Aber von vornehrein gegen einen potenziellen Widerspruch (in uns selbst oder von außen vorgebracht) wappnen. Die Beispielsätze oben zeigen zweierlei:

→ Unsere Wünsche und Begierden können stofflicher oder materieller Natur sein (Schokolade, Schuhe) sowie nichtstofflicher, geistiger Natur (ein anderer soll seine Meinung ändern).

→ Denkmuster 3 ist eng verknüpft mit Denkmuster 1 und 2 – »Ich weiß Bescheid!« und »Ich denke, also bin ich!«. Dass unsere Haltung oder Ansicht die einzig richtige wäre (1) und diese extrem wichtig für unser Selbstbild (2), das kann stark mit dem Wollen verheddert sein.

Die Zusammenhänge sind also oft nicht so leicht zu erkennen und manchmal versteckt sich eine Falle in der anderen. Dennoch stellen wir Ihnen alle einzeln vor. Denn das schafft ja erst mal Klarheit.

Materielle Wünsche sind leichter zu identifizieren als immaterielle. Denn dadurch, dass den Wünschen eine unmittelbare Handlung folgt, sind sie – so man möchte – greifbar. Und entscheiden wir uns gegen die Befriedigung des Wunsches, das heißt, unterlassen wir die Handlung, bleibt das Verlangen danach meist bestehen.

Nichtstoffliches Wollen ist dagegen schwerer zu erkennen. Denn Wünsche wie: »Ich will aber, dass du das auch gut findest« oder »Ich will aber, dass das jetzt so ist, wie ich es sage« sind eben nicht so klar von den beiden vorhergehenden Denkfallen zu unterscheiden.

QUAL ODER FREIHEIT DER WAHL?

Im Wollen steckt prinzipiell immer auch die Möglichkeit, nicht zu wollen. Das heißt, wir können wählen. Und in der Regel setzen wir die Möglichkeit zu wählen mit einer gewissen Freiheit gleich: Wir können uns für das eine oder das andere entscheiden. Dennoch sprechen wir oft von der »Qual der Wahl«. Den ganzen Tag unzählige Male wählen zu müssen ist ja tatsächlich keine leichte Aufgabe. Denn es geht nicht einfach darum, Ja oder Nein zu sagen, sondern wir geben den Dingen und Ereignissen ja bereits vor der Wahl eine Bedeutung, wir bewerten sie (siehe Seite 16 bis 17). Und jenachdem, wie diese Bewertung ausfällt, bekommen die Dinge einen begehrenswerten oder einen bedrohlichen Aspekt – entsprechend jagen wir ihnen hinterher oder meiden sie wie der Teufel das Weihwasser. Doch wie frei sind wir dabei tatsächlich?

DIE MACHT DER VERGANGENHEIT

Wir Menschen sind ja stets auf der Suche nach Glück. Wir sehnen uns nach Dingen, von denen wir denken, dass sie uns guttun, und wollen andererseits Leid möglichst vermeiden. So gibt es Zustände, die wir erleben wollen, und solche, die wir nicht so gern erleben wollen – Verliebtheit ist uns lieber als Trauer zum Beispiel. Von Geburt an haben wir trainiert, angenehme Erfahrungen zu wiederholen und unangenehmen Erlebnissen auszuweichen. In bestimmten Situationen handeln wir deshalb nach einem Mechanismus, der bereits einmal oder mehrmals funktioniert hat. Wir wählen, was wir kennen, oder etwas, von dem wir glauben, dass es gut wäre, es kennenzulernen.

Unser alltägliches Handeln beruht demnach auf vergangenen Erfahrungen und Eindrücken und unseren Bewertungen davon. Wir sind also nicht frei, sondern – im Gegenteil – stets gefangen in der Vergangenheit, die wir auf gewisse Weise immer wieder wiederholen. Insofern besteht auch keine Qual, alles geht ja quasi automatisch. Wir verhalten uns nach Mustern, die von alten Eindrücken geprägt sind, die uns aber – da unsere Wahrnehmung in der Regel eingeschränkt und ichbezogen ist – auch täuschen können. So kann es passieren, dass wir Dingen hinterherjagen, die wir im besten Fall gar nicht brauchen und die uns im schlimmsten Fall sogar eher schaden als nützen. Wir sitzen in der »Ich will das aber so«-Falle.

DIE DAMPFLOK IN UNS

Die Fallgeschichte auf der gegenüberliegenden Seite verdeutlicht die Macht der Vergangenheit: Aus Susannes Sicht ist ihr trotziges Einfordern von Kommunikation folgerichtig. Denn ihr Automatismus sagt: »Wenn er nicht mit mir spricht, dann steht die Beziehung vor dem Aus. Deshalb muss er jetzt mit mir sprechen.« Egal, was Hanns sagt, Susanne hat das drängende Gegenargument schon parat.

Das Drängen ist ein Automatismus, auf den wir sehr schwer Zugriff haben. Es ist wie eine Dampflok – einmal in Bewegung gebracht, kaum mehr zu stoppen. Ihren Antrieb holt sich die Lok aus Mustern vergangener Tage, als ihr Rollen Glück (Gespräche mit Hanns) oder Unglück beschert hat (Trennung vom ersten Ehemann). Wir wollen wiederhaben, was so guttat, und vermeiden, was Leid bereitet hat.

Rede mit mir!

Susanne ist seit fünf Jahren mit Hanns verheiratet. Es ist ihre zweite Ehe. Die erste wurde geschieden, weil – laut Susanne – die Kommunikation nicht stimmte. Als sie Hanns kennenlernte, war dieser ganz anders als ihr damaliger Mann. Wenn sie etwas erzählte, fragte er interessiert nach und die beiden verbrachten ganze Nächte auf der Couch, um sich über dies und das auszutauschen. Seit etwa zwei Jahren jedoch sind die Couchabende kürzer geworden und die Gespräche einsilbiger. Und es schleichen sich immer mehr Forderungen an den anderen ein. Die von Susanne heißt im Klartext: »Rede mit mir!« Und im Subtext: »Du weißt doch, woran meine alte Ehe gescheitert ist.« Seine Antwort darauf heißt im Klartext: »Ich möchte abends auch mal für mich sein.« Und der Subtext heißt: »Ich kann nichts für deine alten Geschichten.«

In guten Momenten lassen sich die unterschiedlichen Ansprüche regeln. Doch letztlich versteht Susanne nicht, dass Hanns gerade in Momenten, in denen sie das Gespräch sucht, Zeit für sich haben will. Und dann mogelt sich ganz schnell das Wörtchen »aber« in die Auseinandersetzung: »Ja, jeder braucht Zeit für sich, aber jetzt will ich, dass du mit mir redest. Und zwar so wie früher.«

Kennen Sie Momente, in denen Sie die Sekunden zählen, bis Ihr Gegenüber eine Atempause macht und Sie Ihr drängendes Aber rausholen können – das in Ihnen wie ein Hamster im Käfig rattert und ruft: »Lass mich raus!«? Dann kann es sein, dass gerade Denkfalle 3 auf die Tube drückt. Aber auch eine vordergründig beschwichtigende Stimme, die sagt »Einmal ist keinmal«, kann auf das Drängen, das dieser Denkfalle innewohnt, hinweisen. Ebenso der gesellschaftlich hoch gehandelte Trost »Tu doch endlich mal etwas für dich«.

DIE FALLE ERKENNEN

Erkennen lässt sich Denkfalle 3 leider am zuverlässigsten im Nachhinein. Und das auf verschiedene Weise:

→ Die so heiß herbeigesehnte und -geführte Erfüllung des Wunsches bringt meist nur kurzes »Glück«. In dem Moment, in dem Befriedigung eintritt, verschwindet es auch schon wieder.

→ Damit im Zusammenhang steht, dass ein neuer Wunsch – derselbe oder auch ein anderer – schon nach kurzer Zeit wieder erwacht. Kaum befriedigt, verlangt es uns nach dem nächsten Genuss.

→ Oft macht sich auch ein fahler Nachgeschmack breit oder sogar ein schlechtes Gewissen. Man denkt: »War das wirklich nötig?« Oder: »Hm, beim nächsten Mal könnte ich das vielleicht anders lösen.«

WENN WÜNSCHE NICHT ERFÜLLT WERDEN

Die aufgezählten Punkte beziehen sich vor allem auf materielle Gelüste und Ablenkung: Nach Schokolade kann man ebenso süchtig sein wie nach einer Netflixserie. Bei den nichtstofflichen Wünschen stellt sich das anders dar. Denn sie richten sich in der Regel auf andere – »Ich will aber, dass du das machst« – oder sie verbleiben im Allgemeinen – »Ich will aber, dass das endlich aufhört«. In beiden Fällen kommt es meist nicht zur Wunscherfüllung, da wir selbst sie nicht herbeiführen können. Wenn Sie also häufig den Eindruck haben, dass Sie zwar etwas wollen, es aber nicht bekommen, dann könnte das ein Hinweis darauf sein, dass Sie sich in dieser Denkfalle verheddert haben.

Vielleicht kommt es ja auch vor, dass Sie sich bewusst etwas versagen. Was passiert dann? In der Regel verschwindet der Wunsch nicht durch die Entscheidung »Nein, ich esse keine Schokolade«. Ein bloßer Gedanke hilft hier wieder einmal nicht weiter. Wenn Sie auf etwas verzichten, wird das Verlangen danach fortbestehen. Ihren Begierden nicht nachzugeben heißt also noch lange nicht, dass diese nicht (weiter) existieren. Auch dann sind Sie (noch) in der Denkfalle gefangen.

WIE SICH DIE DENKFALLE ANFÜHLEN KANN

Nach den bisherigen Ausführungen liegt es auf der Hand, dass folgende Gefühle mit dem »Kopfgift« Wunsch zusammenhängen: Wenn die entsprechende Denkfalle bei Ihnen wirkt, fühlen Sie sich vermutlich getrieben, rastlos, gedrängt und/oder ungehemmt.

Es kann aber auch sein, dass Sie den dringenden Wunsch verspüren, sich ungehemmt zu fühlen. Sätze wie »Immer reiße ich mich zusammen, jetzt bin ich mal dran« oder »Jetzt reicht es, die sollen mich mal kennenlernen« sind typisch für diese Umkehrung. Wenn Sie dann das Ventil öffnen, ist aber nicht unbedingt die richtige Zeit dafür. Zum Beispiel wenn Sie bei einem Brainstorming mit Ihren Kollegen, bei dem ja die Ideen aller Beteiligten gesammelt werden, Ihre Vorstellungen (endlich) durchsetzen wollen.

Beide Fälle – stete und explosive Ungehemmtheit – können in ihrer extremen Ausprägung zu Kontrollverlust führen. Ess- oder Spielsucht wären Beispiele dafür, aber auch Rage und blinde Rücksichtslosigkeit. Die Tatsache, ein Verlangen zu spüren, fühlt sich zunächst allerdings oft lebendig, temperamentvoll oder leidenschaftlich an. Alles Attribute, die man als vitalisierend und erstrebenswert ansieht. Es kommt hier auf die Nuance an oder auf die eine Frage: »Geht es mir auch gut, wenn ich dem Impuls jetzt nicht folge, oder erlöschen dann meine Lebendigkeit, mein Temperament, meine Leidenschaft?«

»Ich habe nur begehrt und nur vollbracht
und abermals gewünscht und so
mit Macht mein Leben durchgestürmt.«

JOHANN WOLFGANG VON GOETHE | DEUTSCHER DICHTER

Die Unterscheidung zwischen dem, was uns wirklich Erfüllung bringt, und dem, was auf schnelle Befriedigung aus ist, ist hier also von Bedeutung. Die folgende Übung hilft Ihnen dabei, sich heranzutasten an das, was Ihnen wirklich wichtig ist, und das, was Sie nur tun des Wollens wegen. Vielleicht lässt sich auch erkennbar ableiten, ob Sie eher bei stofflichen oder feinstofflichen Dingen, also bei materiellen oder eher psychisch-mentalen, in die Denkfalle tappen.

IMPULS
Das Unterscheidungstagebuch

- Achten Sie in den nächsten Tagen darauf, in welchen Situationen Sie versucht sind, spontan und impulsiv zuzugreifen. Dieses Verlangen kann durch einen äußeren Reiz ausgelöst sein oder aus Ihrem Inneren kommen. Ein Apfel liegt in der Obstschale und Sie müssen sofort reinbeißen. Oder Sie haben das Bedürfnis, eine bestimmte Person auf der Stelle anzurufen.

- Egal, was es ist, und egal, ob Sie sich den Wunsch erfüllen, registrieren Sie nur, was passiert. Wie fühlt sich der Wunsch an? Ist er sehr stark oder schwach? Spüren Sie körperliche Empfindungen? Wie fühlen Sie sich, nachdem Sie sich den Wunsch erfüllt oder nicht erfüllt haben?

- Sammeln Sie möglichst viele unterschiedliche Situationen, notieren Sie diese und versuchen Sie auch, sie zu kategorisieren: Wann, wo, wie lange? Waren es materielle Wünsche oder körperliches Verlangen? Waren auch nichtstoffliche Wünsche dabei? Notieren Sie auch Ihre Gefühle und versuchen Sie, Positives und Negatives konkret zu beschreiben.

SICH ZEIT GEBEN

Kommen wir noch einmal zurück auf das Gefühl des Getriebenseins. Es steckt das Wort Trieb darin und das sagt uns, dass wir nicht oder nur schwer willentlich handeln können, wenn uns etwas treibt. Hier müssen wir jedoch unterscheiden zwischen Grundbedürfnissen wie Essen oder Schlafen und solchen Bedürfnissen, die wir uns im Lauf unseres Lebens angeeignet haben (siehe Seite 55 bis 56). Wenn es um die Denkfalle »Ich will das aber so!« geht, dann sind nur die selbst gezimmerten Bedürfnisse von Interesse. Hier können wir mit zwei Hebeln ansetzen:

WERTEN SIE DIE SITUATION AUS

Oben haben wir beschrieben, dass man meist erst im Nachhinein erkennt, ob man in die Denkfalle 3 gerannt ist (Seite 58). Besonders wenn Sie den Eindruck gewonnen haben: »Hm, das wäre jetzt nicht nötig gewesen, das könnte ich beim nächsten Mal anders machen«, können Sie einhaken. Fragen Sie sich, warum Sie beim nächsten Mal etwas Ähnliches anders lösen möchten. Denn ohne ein attraktiveres Ziel gibt es ja keinen Grund, die Komfortzone zu verlassen. Und planen Sie, wie Sie beim nächsten Mal konkret vorgehen wollen. Meistens bleibt es ja deswegen bei einem Vorsatz, weil die Erfahrungen nicht »ausgewertet« wurden. Zu schnell ist der Moment der Erkenntnis vorbei. Es kann da ganz hilfreich sein, sich die Zeit zum Reflektieren zu nehmen. Das heißt nicht, darüber zu grübeln, wie wenig Sie Ihre Ziele erreichen (dann würde der Autopilot der Frustration einsetzen). Es geht vielmehr um ein neugieriges Interesse an den Mechanismen, die Sie selbst bemerken.

WOLLEN ODER NICHT WOLLEN?

Anders als die Grundbedürfnisse sind unsere Wünsche erlernt, wir haben sie uns durch verschiedene Erfahrungen, insbesondere Erfahrungen in der Kindheit, antrainiert. Doch was man gelernt hat, kann man auch wieder verlernen. Das ist nicht einfach, dennoch steckt genau darin das Lösungspotenzial, wenn es um Denkfalle 3 geht. Vielleicht bemerken Sie ja – unterstützt durch die Übung auf Seite 60 – immer öfter, wann Sie gerade getrieben sind von einem Wunsch. Geben Sie sich dann jeweils einen kurzen Moment Zeit und stellen Sie wieder die Frage: »Geht es mir auch gut, wenn ich dem Impuls nicht folge?« Erst dann handeln Sie. Und achten Sie wieder darauf, wie es Ihnen dann geht. So trainieren Sie weiter Ihre Unterscheidungskraft.

IMPULS
Der Drei-Szenarien-Test

- Erinnern Sie sich an eine Situation, als Sie wirklich etwas wollten und jetzt immer noch sagen: »Ja, das war ein großer Wunsch und es war absolut richtig, diesen umzusetzen oder einzufordern.« Zum Beispiel diesen Mann anzusprechen, mit dem Sie immer noch glücklich verheiratet sind.

- Dann erinnern Sie sich an etwas, was Sie ebenfalls wirklich wollten, wovon Sie aber heute sagen würden: »Damals stimmte das, heute nicht mehr.« Zum Beispiel Extremsportarten zu betreiben.

- Und dann erinnern Sie sich an eine Situation, in der Sie wirklich etwas wollten und heute aber sagen: »Das hätte ich mir sparen können.« Etwa das teure Kleid zu kaufen, das Sie nicht einmal getragen haben.

Überlegen Sie zu allen Szenarien, was für Sie stimmte und/oder stimmt und woran Sie das erkennen können. Es geht hier wieder um die Unterscheidung, was wichtig ist und was nicht. Im dritten Szenario finden Sie vermutlich etwas von »Ich will das aber so«. Das zweite zeigt Ihnen, dass Sie umlernen können!

DENKFALLE 4:
»BLOSS NICHT!«

Das Gegenteil oder die Kehrseite des »Giftes« Wunsch, Verlangen oder Begierde ist nach Patanjali (siehe Seite 35) Ablehnung, Abneigung oder gar Hass. Menschen empfinden Aversion gegen eigene Gefühle und innere Zustände, gegen äußere Umstände, gegen andere Menschen oder einfach gegen sich selbst. Das drückt sich manchmal ganz schön extrem aus: Sie wehren sich quasi mit Händen und Füßen – je nach Situation – gegen den Status quo oder gegen Veränderung. Die dazugehörige Denkfalle bezeichnen wir deshalb kurz und knapp mit dem rigoros klingenden Ausspruch »Bloß nicht!«.

Denkfalle 3 und 4 gehören eng zusammen. Nicht zuletzt deshalb, weil Ablehnung häufig eine Reaktion auf etwas ist. Der eine will etwas, der andere will das aber nicht. Ups, da war es wieder, das Wörtchen »aber« (siehe Seite 54). Ablehnung kann sich also auch in einer trotzigen Abwehrhaltung im Sinne von »Ich will aber nicht!« zeigen. Wir werden auf diesen speziellen Fall später im Buch noch ausführlich zu sprechen kommen (Seite 145 bis 150).

DAS PRINZIP »NUMMER SICHER«

Denkfalle 4 kann sich als Ablehnung von etwas ganz Bestimmtem äußern, aber auch als diffuse oder unbestimmte Angst. Dieses Gefühl ist uns schon bei Denkfalle 2 begegnet. Dort bezog Angst sich darauf, dass wir uns an eine bestimmte Definition von uns klammern, weil wir befürchten, ohne diese Definition zu verschwinden (siehe Seite 49). Jetzt geht es mehr darum, dass wir etwas ablehnen, was wir nicht mögen oder was wir nicht kennen, also um die Angst vor dem Unangenehmen oder Unbekannten.

Auch hier spielen wieder unsere früheren Erfahrungen eine Rolle, auf deren Basis sich unser Autopilot (Seite 16 bis 18) ausgebildet hat. Das heißt, wenn wir mit einer Sache negative Erfahrungen gemacht haben, dann werden wir in Zukunft versuchen, den Kontakt damit zu beschränken oder der betreffenden Angelegenheit ganz auszuweichen. Das tun wir auch aus gutem Grund: Angst ist eine Basisemotion, die uns vor Gefahren schützt. Sie sitzen also sicher nicht in Denkfalle 4, wenn Sie es vermeiden, nachts alleine durch einen dunklen Park zu gehen, in dem schon Menschen überfallen wurden.

Angst kann uns aber nicht nur schützen, sondern auch einschränken. Wenn Sie zum Beispiel als Kind mit dem Schlitten an einen Baum gefahren sind und sich verletzt haben und deshalb nie mehr Schlittenfahren gehen, dann berauben Sie sich zum einen der Freude am Schnee, vor allem aber der Chance, das Schlittenfahren zukünftig besser zu beherrschen – also dazuzulernen.

Wenn wir Angst und Ablehnung folgen, dann nehmen wir uns oft von vorneherein die Möglichkeit, neue, andere und vielleicht sogar bessere Erfahrungen zu machen. Das Prinzip »Nummer sicher« verhindert Entwicklung und kann auch das Erleben von Freude drosseln beziehungsweise die Flamme der Vorfreude löschen. Ein hoher Preis, den wir so für das Gefühl von Sicherheit zahlen.

WENN VERMEIDUNG ABSOLUT WIRD

Das Prinzip »Nummer sicher« hat die Tendenz, sich zu stabilisieren und auszuweiten. Es kann zu fortschreitender innerer Starre kommen. Wir ziehen Mauern um uns herum hoch. Im schlimmsten Fall nehmen wir kaum noch am Leben teil. Denn je öfter wir uns entscheiden, in unserer Komfortzone zu bleiben, desto geringer wird die Chance, sie jemals zu verlassen. Wir konditionieren uns sozusagen darauf, das Vermeidungsverhalten zu wiederholen. Denn es »funktioniert« ja – es passiert uns scheinbar nichts. Aber eben nur scheinbar.

Die Verhaltenstherapie spricht in diesem Zusammenhang von »negativer Verstärkung«. Bei Phobien zum Beispiel: Ein Mensch mit Flugangst wird bei der Planung einer Reise bevorzugt andere Verkehrsmittel als das Flugzeug wählen. Dadurch vermeidet er zwar die angstauslösende Flugreise, er bearbeitet aber nicht die Angst selbst. Das Verhalten »Flugzeuge vermeiden« und die Angst vor dem Fliegen werden dadurch verstärkt und möglicherweise langfristig aufrechterhalten. Die Angst kann sich so mit der Zeit auch auf andere Verkehrsmittel ausweiten und irgendwann kann man vielleicht das Haus überhaupt nicht mehr verlassen – Ausweitung der Angstzone.

ANGST VOR DEM UNGEWISSEN

Aber nicht nur die Ablehnung von konkreten Menschen, Dingen oder Situationen spielt bei dieser Denkfalle eine Rolle. Auch eine grundsätzliche Aversion gegen alles Neue und Unbekannte kann sich in uns breitmachen. Zum Beispiel wenn wir eine Veränderung als etwas Schlimmes erfahren haben – etwa den Umzug in eine fremde Stadt, der den Abschied von Freunden und ein Gefühl von Verlassenheit mit sich brachte. Dann kann sich eine ganz grundsätzliche Ablehnung von neuen Entwicklungen und Möglichkeiten einnisten, ganz egal, worum es sich dabei handelt. Wir fürchten einfach, dass es unangenehm werden könnte. Das ist zwar ganz und gar ungewiss, aber wir sagen dennoch lieber »Bloß nicht!«.

KURZ VOR DEM STILLSTAND

In Denkfalle 4 gefangen, befinden wir uns eine Stufe vor dem absoluten Stillstand. Denn da wo kein Wollen ist, ist auch kein Weg. Das zeigt auch die Geschichte von Susanne und Hanns, die wir auf der folgenden Seite noch mal aufgreifen. Susanne lehnt das Neue ab, Hanns lehnt die Ablehnung ab. Es ist keine Bewegung mehr erkennbar. Hier zeigt sich das dieser Denkfalle zugrunde liegende Schema: Verlangsamung bis fast zum Stillstand. Das Abbremsen kann heimlich, still und leise

Spiritualität? Nein danke!

Susanne und Hanns haben sich nicht nur in Denkfalle Nummer 3 einge-
richtet (siehe Seite 57), sondern auch in Denkfalle 4:
Hanns hat vor ein paar Jahren begonnen, Zen-Meditation zu praktizie-
ren. Zu dem Zeitpunkt kannten sich Susanne und er etwa zwei Jahre. Ihm
ging es damals nicht sonderlich gut und er fand eine angenehme Ruhe
durch das Meditieren. Erst hat er es im Geheimen gemacht, weil es ihm
irgendwie peinlich war vor seinen Kollegen, aber auch vor Susanne, mit
der er bis dahin eher die Nächte durchgetanzt hatte. Doch Zen wurde so
wichtig für Hanns, dass er Susanne schließlich doch davon erzählte. Die
war nun gar nicht begeistert, da sie darin einen Grund zu erkennen
glaubte für die abnehmende Gesprächsbereitschaft ihres Mannes. Seinen
Vorschlag, in die Zen-Kurse mitzukommen, lehnte Susanne ab. Bilder von
Sekten, Gurus und fremden Menschen, die ihr sagen würden, wie sie ihr
Leben zu leben habe, tauchten vor ihrem inneren Auge auf. Aus ihrer
Skepsis wurde Ablehnung und aus der Ablehnung Abwertung. »Ich habe
keinen Bock auf deine Scheißspiritualität« und ähnlich gehässige Aussa-
gen waren an der Tagesordnung. Hanns reagierte daraufhin seinerseits
mit Verhärtung und beantwortete Susannes bohrende Fragen nach seinen
»spiritistischen Sitzungen« nur noch wortkarg oder gar nicht mehr.
Sie will seine neue Seite nicht. Er will ihre Ablehnung nicht. Es passiert
nichts Konstruktives mehr. Die Fronten verhärten sich.

vonstattengehen (Hanns schweigt) oder sich, wie bei Susanne, in hand-
festen, abwertenden Hasstiraden niederschlagen. Was beiden gemein
ist: Sie bewegen sich voneinander weg anstatt aufeinander zu.
Dass Ablehnung auf Gegenseitigkeit beruht, ist in Paarbeziehungen
übrigens häufig anzutreffen (siehe Seite 145 bis 150).

DIE FALLE ERKENNEN

Wenn jemand sehr wählerisch ist und dies nicht will und jenes ablehnt, erreicht er oder sie auf einer Zufriedenheitsskala von 1 bis 10 höchstens Stufe 5, meist weniger. Doch Unzufriedenheit kann verschiedene Gründe haben. Schauen wir also etwas genauer auf Denkfalle 4.

ABLEHNUNG KANN ISOLIEREN

Mit der Aussage »Bloß nicht!« manövrieren Sie sich selbst und eventuell auch andere Beteiligte ins Aus. Es gibt hier wenig Anschlussfähigkeit. Denn wo einer nicht will, ist in der Regel nichts mehr zu machen. Das heißt natürlich nicht, dass Sie zu allem Ja sagen sollen oder niemals Nein sagen dürften! Wer aber häufig ablehnt, sich ausgrenzt und die Schotten dicht macht, bleibt auch oft alleine und frustriert. Sollte das bei Ihnen der Fall sein, dann könnte das mit Denkfalle 4 zu tun haben. Abhängig davon, was für ein Typ Sie sind, kann sich Abschottung sehr unterschiedlich zeigen:

→ Sind Sie ein temperamentvoller Mensch, werden Sie sich in den Situationen, in denen das Muster aktiv ist, vielleicht stachelig-kratzbürstig oder widerspenstig-eigensinnig oder wütend-aggressiv zeigen.

→ Sind Sie dagegen ein eher ruhiger Typ, werden Sie vielleicht schweigsam und ziehen sich von anderen zurück.
In beiden Ausprägungen distanzieren Sie sich von Ihren Mitmenschen. Im ersten Fall verschrecken Sie die anderen aktiv, die ziehen sich von Ihnen zurück. Im zweiten Fall mauern Sie sich selbst so ein, dass niemand mehr durchkommt.

WIE SICH DIE DENKFALLE ANFÜHLEN KANN

In beiden Fällen – bei der vorpreschenden und bei der ausweichenden Verhaltensvariante – fühlen Sie sich abgeschnitten und isoliert. Manchmal auch von sich selbst oder von Anteilen, zu denen Sie vielleicht sogar gerne Zugang hätten. Zum Beispiel wären Sie vielleicht mutiger und würden die Achterbahnfahrt doch ganz gerne mitmachen und eine gewisse »Angstlust« genießen. Oder Sie würden vielleicht sehr gern die frische Bergluft schnuppern, wäre da nicht eine latente Höhenangst oder die Abneigung gegen alles, was körperlich einigermaßen anstrengend ist. Zum Gefühl der Isoliertheit kann also auch ein Gefühl von Bedauern treten. Die folgende Übung hilft Ihnen, etwas näher an diese »Bloß nicht!«-Gefühle heranzukommen.

IMPULS

Mal was Neues probieren

- Versuchen Sie, sich an eine Situation zu erinnern, in der Sie dachten: »Das mache ich niemals mit!« Wie fühlte sich Ihre Entscheidung an? Waren Sie erleichtert? Hat sich vielleicht ein Gefühl von Bedauern daruntergemischt?

- Versuchen Sie dann, sich an Momente zu erinnern, in denen Sie sich schließlich doch für das Neue entschieden haben. Das muss nicht gleich Bungee-Jumping gewesen sein, ein paar Nummern kleiner tun es auch. Haben Sie eventuell sogar Lust darauf bekommen, sich solchen Momenten oder Erfahrungen regelmäßig auszusetzen? Sammeln Sie möglichst viele solcher Erinnerungen, das ermutigt Sie, in Zukunft ähnlich zu handeln.

- Sollten Sie demnächst ähnliche Entscheidungen treffen müssen und dabei ein Gefühl von Abwehr spüren, dann versuchen Sie, die Gefühle aus dem zweiten Schritt der Übung hervorzuholen. Egal, wie Sie sich letztlich entscheiden, wichtig ist, dass Sie die Möglichkeit in Betracht ziehen, es könnte auch anders und vor allem, es könnte auch gut gehen.

Abneigung oder Ablehnung ist in ihrer extremen Ausprägung als Aversion dem Gefühl von Ekel sehr nah. Wir gehen normalerweise davon aus, dass Ekel rein biologisch eine wichtige Schutzfunktion hat. Insofern könnte es sich um gerechtfertigte Abneigung handeln, wenn wir Ekel empfinden. Was wäre aber, wenn sich das Phänomen Ekel im Lauf der Zeit so verselbstständigt hat, dass es sich auch dann einschaltet, wenn kein Schutz nötig ist, sondern lediglich der Aufrechterhaltung eines Widerstandes dient?

Jahrtausendelang hat der Ekel das Überleben des Menschen gesichert, da er uns davor bewahrt hat, verdorbene Speisen zu uns zu nehmen. Da unser Nahrungsangebot inzwischen aber sehr sicher ist, hat sich der Ekelreflex in modernen Gesellschaften nach Ansicht mancher Forscher verlagert. Laut dem Emotionspsychologen Paul Rozin etwa dient er nicht mehr allein dazu, den Körper zu schützen, sondern auch die Seele. Wer (unabhängig vom Bereich Ernährung) ekelähnliche Empfindungen bei sich feststellt, könnte es also auch mit der Denkfalle »Bloß nicht!« zu tun haben. Warum zum Beispiel können sich manche Menschen irgendwann nicht mehr »riechen«, obwohl sie vorher gute Jahre miteinander verbracht haben? Aufgestauter Ärger über Situationen, die wir für unerträglich hielten, aber nicht geklärt haben, kann dahinterstecken. Dann wird die innere Distanz größer und man möchte auch physisch auf Abstand gehen – obwohl das Problem gelöst werden könnte.

»Zu rufen ›Unmöglich!‹, weil etwas unmöglich scheint, heißt die verhängnisvolle Gewohnheit der Ablehnung überhaupt züchten.«

PRENTICE MULFORD | US-AMERIKANISCHER JOURNALIST

ZWEIFACH HINTERFRAGEN

Wir können das Nichtwollen prinzipiell immer danach hinterfragen, was wir »eigentlich« wollen. Und wie geht das? Wir sehen hier zwei Möglichkeiten.

→ Die erste besteht darin, etwas anzuwenden, was Sie schon von Denkfalle 1 kennen, den Perspektiv- oder »Brillen«-Wechsel (siehe Seite 43 bis 45). Wenn Sie bei sich feststellen, dass Sie auf bestimmte Dinge oder Situationen immer mit einer »Bloß nicht!«-Haltung reagieren, dann können Sie sich die Frage stellen: »Was wäre, wenn es anders wäre, als ich gerade glaube?« Sie wissen ja inzwischen, dass Ihre Annahmen – etwa »Das halte ich nicht aus« oder schlimmstenfalls »Dann sterbe ich« – nicht objektiver Natur sind, sondern »gelernt«. Es könnte also auch alles ganz anders sein. Was könnte wirklich passieren, wenn Sie sich – probeweise – der (vermeintlich) verhassten Situation einmal aussetzen würden? Würden Sie sie wirklich nicht aushalten oder wäre es »nur« sehr schwierig? Und würden Sie sich vielleicht sogar darüber freuen, dass Sie mal über Ihren Schatten gesprungen sind? Sie können dann auch weiter überlegen, welche Hilfen Sie einbauen könnten, um sich behutsam der Situation anzunähern. Die Übung auf der gegenüberliegenden Seite hilft Ihnen bei diesem Schritt.

→ Eine weitere Herangehensweise zur Erforschung und Überwindung von Denkfalle 4 ist ein kleiner sprachlicher Trick. Wie das? Unsere Erfahrung als Therapeuten hat gezeigt, dass hinter der pauschalen Ablehnung »Bloß nicht« häufig ein konkreteres »So nicht!« steckt. Ersetzen Sie also einmal probeweise das Wort »bloß« durch das Wörtchen »so«. Möglicherweise erkennen Sie dann genauer, was Sie eigentlich nicht mögen, und vielleicht auch, was Sie sich stattdessen wünschen. Hinter der Aussage »Ich will nicht bergwandern« steckt vielleicht »Ich will nicht so lange bergwandern, aber zwei Stunden wären durchaus okay«. In der Konkretisierung des Problems steckt somit auch der erste Schritt aus der limitierenden Denkfalle 4.

Das Körper-Gefühle-Bildnis

Nehmen Sie ein paar Blätter Papier oder einen Zeichenblock sowie Buntstifte und Schere zur Hand.

- Erinnern Sie sich nun an eine Situation, in der Sie den inneren Satz »Bloß nicht!« deutlich spürten und zu der sich im Nachhinein herausgestellt hat, dass dieser Widerstand nicht zu Ihrem Schutz oder für Ihre Selbstbehauptung wichtig war, sondern einen unhinterfragten Widerstand darstellte. Wie hat sich das angefühlt? Malen Sie dieses Gefühl auf. Welche Form(en) hat es? Welche Farben und Muster passen zu dem Gefühl?

- Wenn Sie das Gefühl fertig gemalt haben, dann malen Sie sich selbst auf ein zweites Blatt Papier. Keine Sorge, es muss kein Kunstwerk werden! Die gemalte Figur soll Sie nur repräsentieren. Dazu genügen ein oder zwei Merkmale, etwa lange Haare, Brille ... Die Figur sollte aber ziemlich groß sein. Damit der nächste Schritt leichter funktioniert.

- Schneiden Sie nun das gemalte Gefühl aus und legen Sie es auf Ihr Selbstbildnis. Und zwar an die Körperstelle, wo Sie das Gefühl am stärksten wahrgenommen haben oder wo Sie es in einer ähnlichen Situation Ihrer Vermutung nach wahrnehmen würden.

- Jetzt überlegen Sie sich, was passieren müsste, damit das Gefühl an dieser Stelle weicht oder sich verkleinert. Malen Sie alles auf, worauf das Gefühl reagieren würde. So lange, bis es weg ist oder bis es so klein oder durchlässig ist, dass Sie sagen: »So kann es bleiben.« Nehmen Sie dann die Gefühlszeichnung weg.

- Malen Sie nun das neue Gefühl, schneiden Sie es aus und legen Sie es auf die Figur. Es kann dieselbe Stelle sein wie vorher oder eine andere.

DENKFALLE 5:
»ICH WILL HIER RAUS«

Manchmal gibt es Momente, da wird einem alles zu viel. Es reicht! Schluss – Aus – Ende! Man kann nicht mehr und will nicht mehr. »Es nützt alles nichts« oder »Ich weiß nicht mehr, was ich tun soll« sind Gedanken, die dann auftauchen. Man steht wie vor einer Wand, gegen die man lange versucht hat anzurennen, vor der man vielleicht sogar eine Zeit lang geduldig gehofft oder gewartet hat, dass sich vielleicht doch noch Türen öffnen, bis man schließlich einfach nur noch wegwill! Die Furcht, wie Patanjali (siehe Seite 35) das fünfte der Geistesgifte nennt, wird in alten östlichen Schriften auch als »Angst vor dem Tod« beschrieben. Das bezieht sich nicht unbedingt nur auf den physischen Tod. Es ist ein innerer Tod, den wir fürchten zu sterben, wenn wir lange nicht das bekommen haben, was wir wollten, beziehungsweise nur das bekommen haben, was wir nicht wollten. Es kann in der Beziehung sein, am Arbeitsplatz, im Ehrenamt … Wir sehen unsere Existenz so stark bedroht, dass wir nicht mehr in dem System leben wollen, innerhalb dessen wir wiederholt diese negativen Erfahrungen gesammelt haben. Deshalb haben wir die Denkfalle, um die es jetzt gehen soll, »Ich will hier raus!« genannt.

EIN ENDE IST KEINE KATASTROPHE

Bei Denkfalle 2 – »Ich denke, also bin ich!« – hatten wir es schon einmal mit Angst oder Furcht zu tun. Dort ging es darum, dass wir aus Angst, unsere Identität zu verlieren, permanent um diese kämpfen. Bei Denkfalle 5 ist es schließlich so weit, dass wir nicht mehr kämpfen können. Wir wollen quasi verschwinden – nicht in dem Sinne, dass wir wirklich sterben möchten. Vielmehr wollen wir aus der aktuellen

Lebenssituation aussteigen. Der Hintergrund ist dabei allerdings tatsächlich auch die Angst vor dem Ende der physischen Existenz, nämlich im Sinne des oben beschriebenen Ekels (siehe Seite 69).

Wenn man das starke Gefühl hat, dass es – was immer das sein mag – genug ist, kann das natürlich durchaus seine Berechtigung haben. Häufig ist es eine unglückliche Partnerschaft, die so ein Gefühl von »Ich will hier raus!« verursacht. Etwa wenn unser Partner uns nie oder allzu selten unsere Wünsche erfüllt. Dann wächst die Ablehnung, bis wir das Gefühl bekommen, es zerreißt uns, damit wir bemerken: Es muss sich etwas ändern, sonst geht es uns langfristig nicht mehr gut. Wir tun gut daran zu lernen, auf dieses Signal zu hören und Veränderung einzuladen. Ansonsten könnte Ablehnung zu Erstarrung führen,

Angst vor dem Leben

Wenn man das Gefühl hat, dass sich etwas ändern muss, können wir uns auf zwei verschiedene Arten anpassen: durch Assimilation und Akkomodation. Wir versuchen normalerweise zunächst, das, was wir sehen, in unser Weltbild zu integrieren. Wir versuchen, irgendwie damit klarzukommen, und sagen: »Das ist eben so.« Manchmal bereits mit einem kleinen Gefühl der Resignation. Wenn sich das irgendwann anhäuft, funktioniert diese Assimilation aber nicht mehr. Dann wäre Akkomodation gefragt. Das erfordert von uns jedoch eine Bewegung aus der bequemen Zone heraus. Und so gern wir an anderer Stelle betonen, wie flexibel wir sein können: Veränderung gegenüber sind wir immer auch ambivalent. Und manchmal wird Veränderung regelrecht bedrohlich. Wir haben Angst davor. Dabei wäre Veränderung gerade das, was uns lebendig bleiben lässt. Daher ist heute – zweieinhalbtausend Jahre nach Buddha und Patanjali – die Furcht vor dem Tod eben nicht nur die Angst, das Leben zu verlieren, sondern auch die Angst davor, sich in einer komplexen Welt wirklich lebendig zu zeigen.

und das Denkprinzip »Ich will hier raus!« würde nicht mehr als gesunder Leitstern wirken, sondern uns in die Sackgasse der generellen Unzufriedenheit manövrieren: Weil wir den schwierigen Teil unseres Lebens nicht ändern, macht sich das Gefühl breit, dass unser ganzes Leben falsch wäre.

DAS KIND MIT DEM BADE AUSSCHÜTTEN

Neben der Schutzfunktion, die das Prinzip »Ich will hier raus!« hat, findet sich aber wie bei allen anderen Denkfallen eine destruktive Seite. Sie besteht darin, dass wir in Situationen, die wir nicht mehr aushalten können, überreagieren. Sie sind in Ihrer Partnerschaft nicht mehr glücklich? Ja, dann können Sie ja gleich den Job auch noch hinschmeißen. Sicher, das klingt etwas übertrieben, aber genau in der Übertreibung liegt das Problem. Denn wenn wir, wie oben beschrieben (siehe Seite 72), vor einer Wand ohne Türen stehen und uns wie gelähmt vorkommen, dann suchen wir oft nach (vor)schnellen Lösungen. Weil der Druck so hoch ist und die Angst vor dem Verderben so groß, zielen wir auf ein radikal anderes Leben, statt uns auf den Lebensbereich zu beschränken, in dem wir das Problem haben, und für diesen nach einer angemessenen Lösung zu suchen.

»Und schließlich gibt es das älteste und
tiefste Verlangen, die große Flucht:
dem Tod zu entrinnen.«

J. R. R. TOLKIEN | BRITISCHER SCHRIFTSTELLER

»Ich bin beziehungsunfähig«

Christoph geht frustriert in sein Arbeitszimmer. Zwar hat Melanie ihm, als sie beide auf dem Sofa lagen, einen Gutenachtkuss gegeben, aber das war auch schon wieder alles. Wie die ganze letzte Woche, wie eigentlich den ganzen letzten Monat. »Warum sind wir überhaupt noch zusammen?«, fragt er sich. Es war ja nicht das erste Mal, dass ihm so etwas passierte. Die Sache mit der Lust, die mit der Zeit nachlässt, kannte er ja schon aus der letzten Beziehung. Damals hatte er mit seiner Partnerin fast zwei Jahre zusammengelebt, ohne dass sie Sex miteinander hatten. Christoph öffnet den Laptop, und bevor er auf die Seite mit den »paarfreundlichen« Pornofilmen geht, die er – wie er Melanie erklärt hat – zum Stressabbau benutzt, liest er in einer Lifestyle-Seite zum Thema »Paare & Sex« einen Beitrag zum Modewort »beziehungsunfähig«. »Das beschreibt mich ganz gut«, sagt er sich. »Ich ziehe Frauen an, passiert mir ja auch auf der Arbeit, dass mich jemand begehrt, aber auf Dauer kriege ich das nicht hin und hänge dann gleich wieder wie ein Versager im Internet herum. Eigentlich wäre ich fast besser dran, wenn ich das ganze Spiel drangebe. Wenn ich Melanie verlasse – denn sie nervt es ja auch, wenn ich sie immer wieder bedränge. Dann setze ich mich nicht mehr dem Stress aus, mit Ansprechen, Treffen, Zusammenziehen – und langsam in der Wüste sterben.« Christoph ist fast erleichtert über seine Selbstdiagnose.

Unser Selbstbild ist in mancherlei Hinsicht oft nicht sehr positiv. Fast alle kennen Selbstzweifel, vor allem aus der Teenagerzeit. Manche Menschen halten sich aber auch als Erwachsene noch – aus welchen Gründen auch immer – für unzureichend, unattraktiv oder sie fürchten, eigentlich gar nicht in die Welt hineinzupassen. Wir finden im Laufe der Zeit Wege, das zu kompensieren, etwa durch berufliche

Leistungen oder attraktive Eroberungen. Allerdings bleibt der Grundzweifel oft bestehen. Meist geht es um die Angst, ungeliebt zu sein. So auch bei Christoph in der Fallgeschichte auf Seite 75: Es hatte ihn bereits in seiner ersten Ehe in den Rückzug getrieben, als er die leisesten Anzeichen zu bemerken glaubte, dass seine Partnerin seine Liebe nicht erwidern würde. Eigentlich wollte er um keinen Preis in die Einsamkeit und die Lebenszweifel seiner Teenagerzeit zurück. Aber mit der Angst vor Abweisung wollte er auch nicht mehr leben. So verliebte er sich bereits in der Phase der inneren Trennung in seine Kollegin Melanie. Schon nach kurzer Zeit jedoch wiederholte sich das Muster der vorherigen Beziehung und Christoph will nun ganz und gar aus dem Beziehungsleben aussteigen.

Alle Menschen wünschen sich Bestätigung durch ihr Gegenüber – Kollegen, Vorgesetzte, Partner … Das gibt uns das Gefühl »Es geht mit uns weiter«. Aber die Angst, das zu verlieren, hindert uns oft daran, neue Wege zu suchen und das Bestehende so fortzusetzen, dass es funktioniert. Lieber kündigen wir oder machen Schluss. Wir befürchten, unsere Lebendigkeit zu verlieren, wenn das, was uns lebendig hält, sterben könnte – und töten das Arbeitsverhältnis, die Partnerschaft nun vorauseilend gleich selbst. Nach dem Motto: »Wenn ich hier nicht erreiche, was ich will, dann will ich überhaupt nichts mehr damit zu tun haben.« Oder auch: »Wenn ich das aushalten muss, dann mach ich da nicht länger mit.« Wer in der Denkfalle 5 sitzt, neigt dazu, das Kind mit dem Bade auszuschütten.

DIE FALLE ERKENNEN

Zu erkennen, wann eine Veränderung wirklich notwendig, ja im psychischen Sinne überlebensnotwendig ist, ist nicht so ganz einfach. Denn auch wenn die allermeisten Menschen eine Trennung überleben, fühlt sie sich doch eine Zeit lang so an, als würde die Welt stillstehen und als wäre die eigene Existenz zu Ende. Und es gibt noch andere

Situationen, in denen es uns so gehen kann: Verlust des Arbeitsplatzes, Tod eines geliebten Menschen. Aber auch weniger dramatische Erlebnisse können kurzfristig zu dem Gefühl »Jetzt ist alles aus« führen, etwa wenn in heutiger Mietpreissituation die noch günstige Wohnung gekündigt wird. Sicher haben Sie selbst auch schon die ein oder andere Situation erlebt, in der Ihre Lust, am Leben teilzunehmen, gegen null tendierte – Ihr Lebensfunke war am Erlöschen.

Um den Unterschied zwischen Denkfalle und Realität zu erkennen, schaut man am besten mit folgender Frage auf die Lebenssituation, aus der man gerade am liebsten fliehen möchte: »Kann ich etwas daran ändern oder nicht?« Eine Kündigung der Wohnung oder des Arbeitsplatzes, ein Todesfall – daran lässt sich schwerlich rütteln. Wenn es aber in der Beziehung kriselt, die Arbeit einen anödet und sich dann das starke Gefühl von »Ich kann nicht mehr« oder »Ich hau ab« einstellt, könnte das der Anlauf zu einer übertriebenen Reaktion sein und damit ein Hinweis auf Denkfalle 5.

Wenn Sie schon weiter, also nicht mehr beim Anlauf, sondern beim Absprung sind, können Sie Denkfalle 5 an der »Lösung« erkennen, die Sie glauben, gefunden zu haben. Zum Beispiel wenn Sie den Wunsch »Ich will hier raus!« auf besonders radikale Weise umsetzen wollen: nicht nur die Beziehung beenden, sondern gleich gar keine Beziehung mehr eingehen. Nicht nur den Arbeitsplatz kündigen, sondern einen ganz neuen Beruf erlernen oder erst mal auswandern.

WIE SICH DIE DENKFALLE ANFÜHLEN KANN

Ein Bild, das wir oben verwendet haben, um Denkfalle 5 zu beschreiben, war die Wand ohne Türen. Wir stehen davor und kommen nicht weiter, obwohl es genau das ist, was wir wollen, wenn es in uns schreit »Ich will hier raus!«. Das gibt uns das Gefühl, irgendwie gelähmt zu sein oder wie angewurzelt zu stehen. Wir glauben, nichts mehr erreichen zu können, und fühlen uns wie in einem Alptraum, in dem wir rennen und doch nicht vom Fleck kommen.

Wir haben auch beschrieben, dass diese Denkfalle im Wesentlichen mit Angst zu tun hat. Mit der Angst, das zu verlieren, was wir anscheinend in der aktuellen Situation gerade zu verlieren glauben – Zuwendung, Anerkennung, Liebe, Mitgefühl … Gleichzeitig aber auch mit der Angst vor Veränderung und damit der Angst vor dem Lebendigen. Oft ist diese Angst aber so sehr zu einem Teil von uns selbst geworden, dass wir sie kaum noch als solche spüren. Sie zeigt sich uns aber dennoch:

→ In Freudlosigkeit und Resignation, also in eher depressiven Anzeichen. Wir kreisen um die eigene Person und das Gefühl von »Ich will hier raus!« nimmt uns langsam unsere Lebendigkeit.

→ In eher manisch angehauchter Aufgeregtheit, verbunden mit hell strahlenden Zukunftsvisionen. Wir glauben, unser Problem wegzaubern zu können, indem wir einfach den Resetknopf drücken. Das gaukelt uns Lebendigkeit vor, nur weil wir damit töten, was vorher war.

GENAU UNTERSCHEIDEN

Das Denkprinzip »Ich will hier raus!« bewahrt uns davor, in einer unguten Situation zu verharren. Es hat also eine wichtige Schutzfunktion. Wie unterscheiden wir aber, ob Furcht oder Angst uns gerade schützen wollen oder uns eher schaden? Hier lohnt es sich zu fragen: »Muss ich die unhaltbare Situation verlassen oder kann ich etwas an dem Unhaltbaren ändern?« Ein Gespräch mit der Chefin oder mit dem Partner darüber, was uns unglücklich macht, könnte neue Wege des Zusammenarbeitens oder Zusammenlebens eröffnen. Natürlich kann sich irgendwann herausstellen, dass es dann doch richtig ist zu kündigen oder sich zu trennen. Dann basiert Ihre Entscheidung aber auf dem Potenzial des Denkmusters, nicht auf seiner Falle.

Schauen Sie auch Ihre Zukunftvision genau an. Sollte diese allzu rosig ausfallen, fast zu schön, um wahr zu sein – dann ist sie vermutlich auch zu schön, um wahr zu werden. Und das gilt auch umgekehrt: Wenn Sie Ihr weiteres Leben vollkommen düster sehen, muss sich das nicht bewahrheiten. Das zu erkennen kann Sie vor unbedachten Schritten und übertriebenen Reaktionen schützen.

Und schließlich weist die Angst vor dem Tod, die hinter allem steckt, auch auf das Gegenteil hin: die Freude am Leben. Das eigene Augenmerk darauf zu richten, sich an kleinen Dingen zu freuen und die schönen Augenblicke zu genießen – das kann der Denkfalle 5 ihren großen Schrecken nehmen.

IMPULS

Ritual zum Neubeginn

- Wenn Sie Sehnsucht nach einer großen Veränderung haben, am liebsten »Zurück auf Los« gehen würden, dann laden Sie Symbolhandlungen ein, um kleinen Schritten eine große Bedeutung zu geben. Es wäre zum Beispiel sehr aufwendig, denselben Partner ein zweites Mal zu heiraten. Aber vielleicht finden Sie, nachdem Sie gemeinsam eine Krise gemeistert haben, einen zusätzlichen oder neuen Jahrestag für Ihre zweite »andere« Ehe, in der Sie mit alten Schwierigkeiten anders umgehen.

- Wenn Sie bemerken, dass Sie Angst bekommen, weil etwas zu Ende geht oder weil Sie sich wünschen, dass etwas endlich aufhört, dann lassen Sie das, worum es geht, symbolisch »sterben«. Um im oben genannten Beispiel zu bleiben: Finden Sie vor der neuen »Heirat« etwas, das auch Ihre »Scheidung« bekräftigt. Vielleicht räumen Sie in der Wohnung etwas um oder Sie trennen sich von altem Ballast. Etwas Neues hat erst Platz, wenn das Alte sich verabschiedet hat. Das gilt auch für andere Lebensbereiche, nicht nur auf der Partnerebene.

DIE FÜNF DENKFALLEN IM ÜBERBLICK

Geistesgift nach Patanjali	Denkprinzip/ Denkfalle	positiver Aspekt
Unwissenheit	»Ich weiß Bescheid!«	Mit unseren Erfahrungen und Erlebnissen eignen wir uns die Welt an. Wir ordnen sie, was uns Orientierung gibt.
Identität/Ego	»Ich denke, also bin ich!«	Wir definieren uns selbst in Abgrenzung von anderen. Das gibt uns Halt und hilft uns, uns zu behaupten.
Wunsch	»Ich will das aber so!«	Zu spüren, was wir wünschen, dient der Selbstfürsorge. Unsere Bedürfnisse wollen schließlich befriedigt werden.
Ablehnung	»Bloß nicht!«	Etwas abzulehnen oder jemanden in die Schranken zu weisen dient einer notwendigen Abgrenzung und der eigenen Sicherheit.
Furcht	»Ich will hier raus!«	Das Gefühl, etwas nicht mehr auszuhalten, gibt uns den Hinweis, dass wirklich eine Veränderung nötig ist.

negativer Aspekt	Denkfehler	Lösungspotenzial
Unsere Erfahrungen und Erlebnisse führen uns zu einer falschen oder zumindest nur subjektiven Wahrnehmung der Realität.	Die eigene Sicht der Dinge für die einzig richtige halten	Dinge, Situationen und Menschen von einer anderen als der festgefahrenen eigenen Perspektive aus betrachten
Den Halt, den wir über unser Selbstbild erlangen, wollen wir nicht verlieren. Wir klammern uns daher an unser Ego, aus Angst, sonst zu verschwinden.	Das eigene Selbstbild sehr hoch halten und für ewig gültig erachten	Seine festgemauerte Identität loslassen lernen und sich so von neuen Seiten kennenlernen
Unsere Wünsche können sehr stark werden und uns beherrschen. Sie treiben uns vor sich her und können uns zu ausgeprägten Egoisten machen.	Gesteigertes Verlangen als Zeichen von Selbstfürsorge verstehen	Zwischen Grundbedürfnissen und überflüssigen Wünschen unterscheiden lernen
Permanent nach Sicherheit zu streben und Veränderungen abzulehnen bedeutet Stillstand und oft auch Isolation.	Unangenehmes und Unbekanntes zu vermeiden als Lebensaufgabe sehen	Herausfinden, in welcher Form das, was wir ablehnen, auch Freude bereiten könnte
Die Angst vor dem Tod oder einem Ende kann dazu führen, dass wir vorauseilend selbst töten, was uns lebendig hält.	Totalen Rückzug oder totale Veränderungen für die einzig mögliche Lösung halten	Zwischen nötiger und übertriebener Veränderung unterscheiden und das Leben mehr genießen

Wege aus den Denkfallen

Manchmal stehen wir auf dem Schlauch, wenn es darum geht, uns Gutes zu tun oder notwendige Veränderungen anzupacken. Ursache dafür sind unsere antrainierten Denkmuster, die sich in manchen Fällen als Fehler herausstellen. Alle Möglichkeiten, sie zu korrigieren, tragen wir in uns. Nur hocken wir manchmal auf diesen »Schätzen«, ohne zu wissen, dass wir sie besitzen.

BEGEBEN SIE SICH
AUF SCHATZSUCHE

»Schließen Sie die Augen und denken Sie eine Minute an nichts.« Wir vermuten, dass es nicht ganz geklappt hat, dieser Anweisung zu folgen. Doch woran liegt es, dass es uns – zumindest im Wachzustand – nicht gelingt, an nichts zu denken? Es liegt daran, dass es immerhin circa 50 000 Gedanken sind, die täglich durch unsere Köpfe jagen. Und wir können sie nicht einfach nach Belieben an- oder abschalten.

Ganz schön produktiv, könnte man denken. Allerdings: Nur drei Prozent davon machen das Leben leichter oder schöner. Circa drei Viertel des gesamten Restes sind flüchtiger Natur – sie kommen und gehen, ohne dass wir sie groß bemerken oder ernst nehmen. Und immerhin ungefähr 25 Prozent sind destruktiv und erschweren unser Leben.

Diese Zahlen werden seit Jahren regelmäßig in Entspannungsseminaren, Optimierungsworkshops und Lebenshilfebüchern aufgelistet. Tipps dazu gibt es viele: Trainings, die helfen, Gedanken zu stoppen. Trainings, die helfen, Gedanken zu verändern. Und Trainings, die helfen, Gedanken zu akzeptieren. Das Tolle an diesen Tipps ist, dass sie alle funktionieren. Das Unbequeme daran ist, dass man sie auch umsetzen muss, damit sie wirken. Das ist nicht ganz leicht. Und das Typische für uns Menschen ist nun einmal, dass wir es uns gerne leicht machen.

An diesem Punkt wollen wir einhaken und es Ihnen im Folgenden leicht machen! Das funktioniert, weil Sie viele Wege, mit denen Sie destruktives Denken positiv beeinflussen können, vermutlich schon kennen und bei Denkkrisen erfolgreich eingesetzt haben. Sie sind Ihnen nur noch nicht als regelmäßig verwendbares Handwerkszeug bewusst. Der Trick ist nun: Wenn Sie – mithilfe dieses Kapitels – erkennen, dass Sie bereits über die nötigen Ressourcen verfügen, können Sie schnell Zugriff darauf erlangen und diese Wege dann auch zielgerichtet in die Tat umsetzen.

WENN WISSEN VOM TUN ABLENKT

Ständig werden neue Ideen und Methoden darüber veröffentlicht, wie man noch schneller, noch effektiver, noch einfacher ein glücklicheres Leben führen kann. Sich damit zu beschäftigen lenkt aber vom eigentlichen Tun ab. Denn solange Sie lesen, forschen und sich bilden, brauchen Sie sich mit dem Problem, um das es Ihnen geht, nicht näher auseinanderzusetzen. Sie schaffen sich nur eine sehr gelungene Ausrede. Dem berechtigten Hinweis der inneren Stimme »Irgendwie ändert sich aber nichts«, folgt der stumme Aufschrei »Ich tu doch alles!«. Kurzum, man kann sich sehr gut theoretisch mit einem Problem beschäftigen und so um den heißen Brei herumstreichen. Die eigentliche Lösung, die im Handeln liegt – und zwar in einem Handeln, das Ihnen entspricht –, bleibt auf der Strecke. Wir haben uns deshalb entschieden, Ihnen in diesem Kapitel Wege zu beschreiben, die bei vielen Menschen, ohne dass sie groß darüber nachdenken, bereits funktionieren und von denen auch einige in Ihrer persönlichen Schatzkiste schlummern.
Daneben setzen wir Impulse, die als Übung dann für Sie infrage kommen, wenn Sie erkennen: »Ja, das ist mein Weg.« Dann können Sie dem bisher eher spontanen Zugang zu Ihren Ressourcen seine Zufälligkeit nehmen und planvoll vorgehen – und den von Ihnen entlarvten Denkfallen ganz entspannt den Garaus machen!

> »Und so beginne ich zu glauben:
> **Wissen hat keinen ärgeren Feind**
> als das Wissenwollen.«

HERMANN HESSE | DEUTSCH-SCHWEIZER SCHRIFTSTELLER

Es geht also darum, Ihren persönlichen Weg zu finden. Herauszufinden, wie Sie mit einer Denkfalle, die Ihnen Probleme macht, in der jeweiligen Situation auf Ihre Art am besten umgehen können. Beziehungsweise wie Sie sich selbst helfen können, wenn Sie leidend (siehe Seite 24 bis 29) in einer Denkfalle sitzen. Alles, was Sie dazu brauchen, tragen Sie sozusagen in einer inneren Schatzkiste direkt bei sich, auch wenn Ihnen das manchmal nicht klar ist.

WAS DIE SCHATZKISTE BIRGT

Wie bereits erwähnt (siehe Seite 35) haben die Weisen Buddha und Patanjali mit ihrem Weg der Meditation den Grundstock für die Wege aus den Denkfallen geliefert. Zweieinhalbtausend Jahre später ist dieser Weg immer noch gut und praktisch. Wir haben es heute allerdings mit einer weitaus komplexeren Umwelt zu tun als damals. Der Kern von Meditation – Beobachtung und Konzentration – allein würde einem Leben in Gemeinschaft mit anderen und dem Stress, dem wir ausgesetzt sind, nicht gerecht werden. Mitgefühl wird für unser Zusammenleben immer wichtiger, und es wächst, wenn wir auch mit uns selbst achtsam und liebevoll umzugehen lernen, also Selbstmitgefühl üben. In unserem oft anstrengenden Arbeitsalltag wird darüber hinaus das Sorgen für Vitalität und Lebenskraft immer bedeutender. Und obwohl viel über Entspannung geschrieben und gesprochen wird: Die Bedeutung, die das simple Loslassen für das Wohlbefinden hat, vergessen wir allzu oft. So stellen wir Ihnen genau diese fünf Wege im Folgenden vor:

→ Entspannung: Sich am Stress weder aufreiben noch den Kopf in den Sand stecken, sondern ihn zu Ende erleben heißt die Devise. Erst »ausrollen« lassen, bevor man wieder Gas gibt, damit Stress und Anspannung abflauen können.

→ Vitalität: Hier stehen Ihre Energiespeicher im Vordergrund. Nicht erst auf null sinken lassen, sondern stetig dafür sorgen, dass genügend Saft da ist, um auch mal Durststrecken und Dürrezeiten durchzustehen.

→ Beobachtung: Eine Videokamera hat keinen Stress, sie zeichnet einfach auf. Wenn wir mehr hinschauen und beschreiben, anstatt zu bewerten, können wir unseren Denkapparat viel sinnvoller einsetzen.

→ Konzentration: Die Energie fließt dahin, wohin die Aufmerksamkeit geht. Sie zu konzentrieren ist eine Fähigkeit, die wir trainieren können und die uns hilft, mit Schwierigkeiten umzugehen.

→ Selbstmitgefühl: Unsere destruktiven Gedanken sind unsere selbst geschaffenen Feinde. Selbstmitgefühl ist die Einladung, uns selbst so freundlich zu behandeln, wie wir uns das von anderen wünschen.

»Moment mal«, denken Sie jetzt vielleicht, »fünf Denkfallen, fünf Wege, das heißt also …«. Nein, es heißt nicht, zu Denkfalle x gehört Weg y! Bei den Ansätzen, die wir hier aufzeigen, handelt es sich vielmehr um Basisstrategien. Oder schöner ausgedrückt: um fünf Schätze. Deren Reichtum steht Ihnen im Alltag jederzeit zur Verfügung, meist ohne dass Sie dafür viel tun müssen.

DEN SCHATZ HEBEN

Wie aber nun mit den folgenden Ausführungen umgehen? Wichtig ist vor allem, dass Sie auf Ihre innere Stimme hören und auf Ihr Gefühl achten, um den für Sie passenden Weg herauszufinden. Denn nicht jeder Lösungsansatz passt zu jedem Menschen und zu jedem Problem. Und es muss auch nicht ein einziger Weg sein, der Ihnen weiterhilft, Sie können auch verschiedene Herangehensweisen kombinieren. Tauchen Sie also nach Ihrer Schatzkiste und holen Sie heraus, was für Sie am wertvollsten ist. Auf diesem spannenden Tauchgang möchten wir Sie begleiten. Spannend ist er, weil Sie sich nun besser kennen- und verstehen lernen. Dabei helfen Erkenntnisse aus der modernen Psychologie über mentale und emotionale Prozesse, aber auch die Erfahrung von Menschen, bei denen wir in unserer psychotherapeutischen Praxis miterleben durften, wie sie ihren Weg beim Umgang mit den ungünstigen Gedankenmustern gefunden haben.

Unsere Schatzkiste

Beobachtung

Entspannung

Selbstmitgefühl

Konzentration

Vitalität

ENTSPANNUNG –
STRESS AUSROLLEN LASSEN

Wann ging es Ihnen das letzte Mal so richtig gut? Machen Sie ruhig eine kurze oder auch längere Lesepause, um die Frage zu beantworten. Wir vermuten, die Situation, an die Sie denken, ähnelt einer der folgenden: »Als wir im Urlaub vor ein paar Wochen im Strandkorb saßen und aufs Meer schauten«, »Als ich gemütlich mit meiner besten Freundin Kaffee trinken war« oder »Als ich wild zur Radiomusik durch die Wohnung getanzt bin«. Und nun zu einer zweiten Frage: Wie viele leidvolle Gedanken sind Ihnen durch den Kopf gegangen, als es Ihnen das letzte Mal so richtig gut ging? Wahrscheinlich waren das nicht sehr viele – höchstens der eine: »Hoffentlich hört das nicht so schnell wieder auf.« Wenn Sie sich nun umgekehrt an eine richtig üble Situation erinnern – zum Beispiel als Sie wegen Überstunden erst um 21 Uhr nach Hause kamen, Ihr Kind Magen-Darm-Grippe hatte oder Ihnen die S-Bahn mit einem grinsenden Fahrer direkt vor der Nase weggefahren ist –, dann schwirrten damals vermutlich einige destruktive Gedanken durch Ihren Kopf: »Die anderen Kollegen wälzen alles auf mich ab«, »Die Kleine hatte doch gerade erst Masern, jetzt auch das noch«, »Immer muss mir das passieren« … Das alles bedeutet Stress!

ZWISCHEN AUSLÖSER UND REAKTION UNTERSCHEIDEN

Unser Leben hält jede Menge Stressoren bereit. Sie lösen körperliche und psychische Reaktionen aus, die wir als Stress erleben. Es ist wichtig, zwischen Stressoren und Stressreaktion beziehungsweise Stress zu unterscheiden. Stressoren sind individuell verschieden und umfassen alles, was bei Ihnen Stress auslöst – etwa zu viel Arbeit, Rechnungen,

Familienstreit, Ärger über den Nachbarn … Stressreaktionen hingegen laufen bei allen Menschen gleich ab. Es sind neurologische und physiologische Vorgänge im Gehirn und im restlichen Körper, die durch Stressoren aktiviert werden und zu einem schlechten psychischen Zustand führen können.

An Stressoren kann man in einem modernen Leben nur bedingt etwas ändern. Sicher kann man an einigen Stellen reduzieren, nicht aber an allen und vor allem nicht zu jeder Zeit. Oder wie soll man verhindern, dass zum Beispiel alle Kinder gleichzeitig einen Virus ausbrüten, während der Partner gerade auf Geschäftsreise ist oder Sie selbst auf dem Sprung in einen lange geplanten Wellnessurlaub waren? Stressoren gehören zum Leben. Sie sind sozusagen die ungeliebte Variable, die sich nicht wegrechnen lässt. Deshalb möchten wir uns hier mit der Stressreaktion selbst beschäftigen, denn anders als bei den Stressoren können Sie hier Einfluss nehmen.

DIE BALANCE WIEDERFINDEN

Manchmal ist uns einfach alles zu viel. Die Anforderungen wachsen uns über den Kopf. Sicher, im Großen und Ganzen sind wir mit dem Leben, das wir gewählt haben, eigentlich zufrieden. Wenn da eben nur der Stress nicht wäre. Wie schön wäre es, einfach mal wieder entspannen zu können … Können Sie!

Entspannung und Wohlbefinden gehen meist Hand in Hand (siehe Seite 91). Das bedeutet, Entspanntheit beruht auf der Abwesenheit von Stress und ist somit eine Art natürlicher oder passiver Zustand oder auch eine Art Grundfrequenz. Stellen wir uns eine Welt ohne Stressoren vor. Ohne Termine, ohne Streit, ohne den Gedanken, etwas leisten zu müssen. Hätten wir da Stress? Und wenn nein, was hätten wir dann? Wir vermuten: ein ziemlich entspanntes Dasein. Gehen wir also davon aus, dass der Mensch ohne Stress ziemlich entspannt wäre. Und nicht davon, dass der Mensch eigentlich ziemlich gestresst ist, wenn er nicht ständig was für seine Entspannung tut. Sehen wir Entspanntheit als Grundton und Stress als eine Art Störer, der diesen Zustand beeinflusst. Wir müssen also nicht unbedingt an der Entspannung arbeiten, sondern daran, wie wir mit dem Störer umgehen. Durch diese Sichtweise wird aus Entspannung – im Sinne von »sich entspannen« –, die Sie aktiv herstellen müssen und die damit selbst Stress hervorrufen kann, ein passives Erlebnis, nämlich das der Entspanntheit, für das Sie aktiv wenig selbst tun müssen – außer sich vor Augen zu führen, dass Entspanntheit eigentlich der Grundzustand ist, und sich dann um den störenden Stress zu kümmern.

WAS IST EIGENTLICH STRESS?

Eines vorweg: Stress ist nicht grundsätzlich etwas Negatives. Er hat durchaus in bestimmten Situationen auch positive Aspekte. Er kann unsere Leistungsfähigkeit und die Lust an Herausforderungen steigern. Und er kann uns in Alarmbereitschaft setzen, um konzentriert und schnell auf mögliche Gefahrensituationen zu reagieren. Wenn Ihnen beim Autofahren zum Beispiel ein anderer Wagen auf Ihrer Fahrspur entgegenkommt, dann droht Lebensgefahr. Ihr ganzer Organismus schreit »Achtung!!!«, und Sie werden in Bruchteilen von Sekunden abwägen, ob es besser ist, scharf zu bremsen oder zur Seite hin auszuweichen, und schließlich entsprechend reagieren. Stress kann also Leben retten. Auch in weniger dramatischen Situationen im Alltag reagiert unser Nervensystem mit Stress. Das ist so lange kein Problem, wenn dieser auch immer wieder komplett abflauen kann und dazwischen Phasen der Entspannung eintreten. Bei Dauerbelastung – und die kann vorkommen, wenn wir in Denkfallen gefangen sind und unsere negativen Glaubenssätze und Geschichten (siehe Seite 10 bis 12 und 26 bis 28) als ständige Stressoren wirken – kann Stress allerdings sehr schädlich sein. Und das in psychischer wie in körperlicher Hinsicht. Doch was passiert im Körper genau, wenn wir entspannt sind, und was, wenn wir Stress empfinden?

Kampf, Flucht und Erstarrung

Der US-amerikanische Physiologe Walter Cannon beschäftigte sich mit post-traumatischen Belastungsstörungen bei Soldaten des Ersten Weltkriegs. Er fand heraus, dass die Abläufe im Körper bei Gefahren- oder Belastungssituationen und hier insbesondere die Ausschüttung von Adrenalin und Cortisol dafür sorgen, dass wir uns entweder der Gefahr stellen und kämpfen oder uns ihr entziehen und fliehen. Man spricht deshalb von »Kampf-oder-Flucht-Reaktion«. Der britische Physiologe Jeffrey Alan Gray erweiterte dieses Modell um eine neue Kategorie, nämlich die durch Angst ausgelöste Erstarrung, welche die Optionen Kampf und Flucht verhindert. In diesem Starrezustand stellen wir uns quasi tot, in der Hoffnung, dass uns dann nichts passiert und der Gefahrenkelch an uns vorübergeht.

In Stresssituationen werden die Stresshormone Adrenalin oder Cortisol ausgeschüttet. Setzt Entspannung ein, wird die Produktion zurückge-fahren und die im Volksmund so bezeichneten »Glückshormone« Dopamin und Serotonin kommen wieder zum Zug. Diese Reaktionen hängen mit den beiden Gegenspielern unseres vegetativen Nervensys-tems zusammen: dem Sympathikus, der unter anderem für Stressreakti-onen zuständig ist, und dem Parasympathikus, der sich um Ruhe und Regeneration kümmert. Ersterer versetzt uns in die Lage zu kämpfen oder zu flüchten – je nachdem, welcher Typ Sie sind und was die Situa-tion erfordert. Im oben genannten Beispiel aus dem Straßenverkehr wäre Kampf sicher die falsche Antwort gewesen.

WIE GAS UND BREMSE WIRKEN

Die beiden Sexualforscher John Bancroft und Erick Janssen haben mit dem »Dualen Kontrollmodell« ein eingängiges Bild geschaffen, um zu erklären, wie »unbearbeiteter« Stress uns daran hindert, unsere Ziele zu erreichen. Diesem Modell zufolge verfügen wir über einen Mechanismus, der – im Zusammenhang mit sexueller Erregung – wie Gas und/ oder Bremse wirkt. Dieses Bild ist sehr gut geeignet, auch die Zusammenhänge von Stress und Entspannung zu veranschaulichen. Im Fall von gewaltigen Stressoren, die sich in Ihren Tag schleichen oder sich kontinuierlich dort befinden, haben Sie zwei Möglichkeiten:

→ Sie treten aufs Gas und kämpfen sich durch den aufkommenden Stress, indem Sie sich Höchstleistungen abverlangen, ganz nach dem Motto: »Das kriege ich auch noch hin.« Getrieben vielleicht von Versagensangst oder Verantwortungsdruck (oder von anderen angelernten Mechanismen) stemmen Sie das Unmögliche. Falls Sie in diesem Zustand überhaupt merken, dass Ihr Körper reagiert, ist die Chance sehr gering, dass Sie auf körperliche Signale wie Hitzewallungen, kalte Füße, Schweißgeruch, Enge in der Kehle … hören. Wenn Sie jetzt Stress reduzieren wollten, um Entspannung in Gang zu setzen, würde das für Sie nur noch mehr Stress bedeuten. Schließlich wollen Sie das ja »hinkriegen«. Irgendwann können Sie dann nicht mehr und es folgt ein Zustand der Erschöpfung. Den verwechseln wir gerne mit Entspanntheit. Doch Erschöpfung ist wie vorher die Überforderung reiner Stress. Ein Aufladen der Energiereserven, eine Regeneration findet nicht statt. Stress baut sich nicht wirklich ab. Er wird nur woanders geparkt. Nennen wir das Ganze also mal »temporäre Schadensbegrenzung«.

> »Wenn man die Ruhe nicht in sich
> selbst findet, ist es umsonst,
> sie anderswo zu suchen.«

FRANÇOIS DE LA ROCHEFOUCAULD | FRANZÖSISCHER LITERAT

→ Nicht jeder jedoch greift in Stresssituationen aktiv auf das innere Gaspedal zurück, denn das ist nicht zuletzt eine Typfrage. Vielleicht bevorzugen Sie das Gegenteil und »steigen in die Eisen«. Der vornehmliche Stressor oder die Ansammlung an Stressoren führen Sie nicht, wie eben beschrieben, zum Kampf, sondern zur Bremse. Sie ziehen sich zurück, machen gar nichts mehr und sitzen die Sache aus. Was von außen vielleicht passiv aussieht, ist innen nicht weniger stressig. Der gleiche Hormoncocktail durchflutet Ihr Gehirn, auch wenn Sie das durch die Bremstechnik zu ignorieren versuchen. Und Entspannung ist ebenso einige Ruhemeilen weit entfernt wie bei der Gasfraktion.

Egal, ob Sie über ein lockeres Gaspedal verfügen oder eher die Bremse festziehen, keiner der beiden Wege – weder das Abarbeiten noch das Ignorieren von Stressoren – führt zu einer Stressreduktion. Während das eine (Gas) zu einer Burnout-Symptomatik führen kann, kann das andere (Bremse) depressive Verstimmungen fördern.

DEN STRESSZYKLUS VOLLENDEN

Die amerikanische Autorin und Sexualforscherin Emily Nagoski beschreibt in ihrem Buch »Komm, wie Du willst«, dass Entspannung nicht einfach eine Entscheidung ist nach dem Motto: »Ich entspann mich jetzt einfach mal«, sondern es wichtig ist, bei akutem oder chronischem Stress den Stresszyklus vollständig zu durchlaufen. Das geht, indem man den ganzen Weg von »Ich bin in Gefahr« (Auslöser des Stresses) zu »Ich bin in Sicherheit« (Beginn der Entspannung) zurücklegt: Sobald Ihr Gehirn eine Bedrohung wahrnimmt, schaltet es auf den Kampf-oder-Flucht-Modus, um das Überleben zu sichern. Sie entscheiden, ob Sie angreifen oder fliehen. In beiden Fällen, wenn Ihre Handlungen glücken, entkommen Sie der Gefahr und können erleichtert aufatmen, sich freuen, sich in Sicherheit fühlen. In diesem Fall ist der Zyklus vollendet und der Stress abgebaut. Kommt es statt zur Handlung zu einer Erstarrung, hängen Sie fest in den Klauen des Stresses. Vorübergehend kann das eine Haltung sein, die das Überleben garantiert, etwa wie bei einem Tier, das sich tot stellt, damit es nicht gefressen wird. Doch an einem bestimmten Punkt muss der Zyklus vollendet werden. Das Tier zum Beispiel beginnt zu zittern, strampelt mit Hufen oder Pfoten, steht auf, schüttelt sich und trottet davon. Damit beseitigt es die Reste der Stressreaktion und vollendet den Zyklus. Der Psychologe Peter A. Levine nennt das »Beendigung aus eigenem Antrieb«.

SICHER MIT GAS UND BREMSE UMGEHEN

Was bedeutet das aber jetzt für den Weg der Entspannung? Und was für den Umgang mit Gas und Bremse?

→ Für den Gastyp: Sie waren eine Woche krank und bei der Arbeit sind gefühlt 1 000 Dinge liegen geblieben. Sie möchten Stress reduzieren, indem Sie die Arbeit strukturieren, schreiben das hundertste Memo … und statt dass der Zettelberg abnimmt, wird er größer. Jede Handlung, mit der Sie Stress reduzieren wollen, verursacht weiteren Stress. Doch Sie sind überzeugt, dass Ihre Strategie Ihnen hilft, und halten daran fest. Da Sie aber bemerken, dass der Stress nicht weniger wird, buchen Sie einen Wellnesstag. »Dann geht es wieder«, denken Sie. Das heißt, in puncto Entspannung treten Sie auch noch auf das Gaspedal, was verhindert, dass Ihre Stressreaktion ausrollen kann.

→ Für den Bremstyp: Die gleiche Ausgangssituation, doch statt den Stapel an Arbeit anzugehen, lassen Sie ihn lieber noch liegen. Sie denken, dass das sowieso nicht an einem Tag zu schaffen ist, und da es schon so lange herumliegt, brauchen Sie jetzt auch nicht anzupacken. Sie bemerken, dass die Strategie des Liegenlassens Sie zusätzlich stresst, glauben aber daran, dass die Entspannung schon kommen und der Berg sich irgendwie abarbeiten wird. Sie agieren passiv und auch hier bleibt die Stressreaktion unaufgelöst.

Soll man jetzt dem Gastypen sagen: »Brems doch mal!« oder dem Bremstypen: »Gib doch mal Gas!«? Genau das funktioniert nicht, und zwar aus gutem Grund: Niemand wird freiwillig das Gegenteil von dem tun, was er als Strategie gegen den Stress entwickelt hat.

Einfach mal spazieren gehen

Peter ist in der IT-Branche beschäftigt und arbeitet im Beschwerdemanagement. Er hört sich jeden Tag rund um die Uhr an, was alles nicht klappt. Das ist sein Job. Abends, wenn er nach Hause kommt, hat er das dringende Bedürfnis zu hören, dass es allen gut geht und alles so weit funktioniert. Kürzlich jedoch empfing ihn sein Sohn mit den Worten: »Da bist du ja endlich. Der Abfluss ist verstopft und niemand kann mehr auf die Toilette. Mach was, Papa!« Nach einer halben Stunde hat Peter es geschafft: Der Abfluss ist frei. Seine Frau, die dringend zu einem Theaterabend aufbrechen muss, ruft beim Abschied noch durch die Tür: »Die Maler haben heute übrigens vergessen, eine Wand zu streichen. Schau dir das doch mal an, Schatz!«

Peters Stresslevel steigt an, Wut und Ärger steigen in ihm auf. Er ist trotzdem gerade – zähneknirschend, weil er sich auf einen freien Abend gefreut hatte – auf dem Weg zur besagten Wand, als seine Tochter an ihm vorbeigeht und sagt: »Ich finde es übrigens viel schöner, wenn du fröhlich bist. Was guckst du denn so mürrisch?«

Das ist der Tropfen, der das Fass zum Überlaufen bringt. Peter merkt, wie er rot anläuft und sein Körper zu zittern beginnt. Er will nur noch eins: sich Luft machen. »Ich schreie gleich ganz laut«, denkt er in dem Glauben, dass das seinen Stress abbauen würde. Doch dann entscheidet Peter sich anders, nämlich dazu, vom Gas runterzugehen: Er lässt den dreckigen Eimer im Bad stehen, die Wand ignoriert er, er schnappt sich die Schuhe, schreibt auf einen Zettel »Ich bin spazieren und in einer Stunde wieder da« und geht aus dem Haus. Schritt für Schritt rollt sein Stress durch den Spaziergang förmlich aus.

Nach einer Stunde kommt er heim, den Eimer hat der Sohn weggeräumt, die Wand kann warten und Peter hat Lust, seiner Tochter eine schöne Geschichte vorzulesen.

Was aber oft sehr erfolgreich funktioniert: die eigene Strategie im besten Sinne des Wortes aufzuweichen, Gas und Bremse flexibler einzusetzen. Das bedeutet für den …

→ … Gastypen, langsam vom Gas zu gehen: Statt Memos zu schreiben, erledigen Sie Aufgaben gleich und zügig. So nimmt der Berg ab und nicht zu – ganz ohne Wellnesstag. Es geht nicht um Riesenschritte, sondern um eine schrittweise Regulierung mithilfe des Gaspedals.

→ … Bremstypen, den Fuß langsam von der Bremse zu nehmen: Statt sich tot zu stellen und nichts zu tun, erledigen Sie erst mal eine Aufgabe, dann die nächste … Keine Vollbremsung also, sondern langsame Fortbewegung, um das eigene System nicht zu überfordern.

Entscheidend ist in beiden Fällen, die Stressregulierung aus dem eigenen bevorzugten System heraus zu beginnen.

IMPULS
Mit Stress entspannt umgehen

Suchen Sie drei Überforderungssituationen in Ihrer Vergangenheit: Neigen Sie zum hyperaktiven Durchboxen oder stecken Sie eher den Kopf in den Sand? Stellen Sie sich dann vor, Sie würden anders mit der Situation umgehen: das Ganze etwas langsamer und Schritt für Schritt anpacken beziehungsweise einen Schritt auf die Dinge zugehen, statt sie auf die lange Bank zu schieben. Bei der nächsten Stresssituation – und die kommt bestimmt – denken Sie an dieses mentale Experiment. Welche minimale Änderung könnten Sie ausprobieren, ohne sich zu überfordern? Versuchen Sie es! Wenn Sie das immer öfter machen, können Sie deutlich entspannter mit Stress umgehen.

VITALITÄT –
ALLE RESERVEN NUTZEN

Gedanken sind interessanterweise dann besonders aktiv, wenn wir ausgepowert sind und wenig Energie haben: keine Power, viele Gedanken. Und es sind leider oft die destruktiven Gedanken, die sich dann in besonders hoher Frequenz einschalten. Stellen Sie sich folgende Situation vor: Sie kommen nach einem ziemlich anstrengenden Tag nach Hause, dort wartet noch der Abwasch auf Sie und ein paar organisatorische Sachen – Mails beantworten, Geld überweisen – müssen auch noch erledigt werden. Vermutlich werden Sie dann nicht wie Mary Poppins fröhlich dabei trällern: »Wenn ein Löffelchen voll Zucker bittre Medizin versüßt!«. Eher werden Gedanken wie die folgenden ständig im Hintergrund rauschen: »Das auch noch! Wieso kann nicht mal Schluss sein? Was mache ich in meinem Leben falsch, dass die Arbeit nie aufhört?« Das heißt aber nun nicht, dass Sie ein Miesepeter wären oder eine Jammertrine, es liegt vielmehr einfach daran, dass Ihre Vitalitätsspeicher leer sind.

DAS KONZEPT DER LEBENSKRAFT

Vitalität kann man mit »Lebenskraft« übersetzen. So hat es der deutsche Botaniker und Arzt Friedrich Casimir Medicus gemacht, der den Begriff 1774 einführte. Der deutsche Arzt Christoph Wilhelm Hufeland definierte dann den zunächst unspezifisch genutzten Begriff als Selbsterhaltungsprinzip des Organismus, das er in verschiedene Teilbereiche (unter anderem Nervenkraft) einteilte und auf das die Entwicklung der Naturheilkunde im 19. Jahrhundert zurückgeht.
In östlichen Kulturen gibt es das Konzept der »Lebensenergie«, das ziemlich dem der Vitalität oder Lebenskraft entspricht. In hinduisti-

WEGE AUS DEN DENKFALLEN

schen Lehren heißt sie »Prana«, was wiederum vergleichbar ist mit dem »Qi« der Traditionellen Chinesischen Medizin, dem japanischen »Ki« oder dem tibetischen »Lung«. In westlichen wie östlichen Lehren der Vitalität geht es um im weitesten Sinne unsichtbare Bestandteile des Menschen, die sich im Gesundheitszustand oder Wohlbefinden widerspiegeln. Und darum geht es hier: das Wohlbefinden zu steigern, indem durch eine verbesserte Vitalität Denkfallen minimiert werden. Ein aus unserer Sicht recht überzeugendes Vitalitätskonzept – weil es die mentalen wie psychologischen Dimensionen einschließt, die ja im Zusammenhang mit den Denkfallen aufschlussreich sind – stammt aus dem tantrischen Hinduismus beziehungsweise dem tantrisch-buddhistischen Vajrayana. Es beschäftigt sich damit, wie die unsichtbaren Vitalitätsvorgänge sich physisch sichtbar machen können, das heißt, uns als Unwohlsein oder, im schlimmeren Fall, als Krankheit auffallen.

VERSCHIEDENE SPEICHER IDENTIFIZIEREN

Vitalität ist ein sehr pragmatischer Zugang zu den eigenen Reserven, denn Vitalität folgt, dem von uns gewählten östlichen Konzept zufolge, einer bestimmten Einteilung und kann (wieder) hergestellt werden. Es handelt sich dabei um eine schrittweise Logik, die wir als Ressourcenleiter bezeichnen.

>»Alle Kraft, die wir fortgeben,
> **kommt erfahren und verwandelt**
> wieder über uns.«

RAINER MARIA RILKE | ÖSTERREICHISCHER SCHRIFTSTELLER

Doch ob schrittweise oder nicht, wichtig ist zu wissen, dass Vitalität nicht einfach vorhanden oder nicht vorhanden ist. Wir verfügen vielmehr über verschiedene Speicher, von denen einer leer und einer voll und wieder ein anderer halb voll sein kann. Kennt man diese unterschiedlichen Speicher, kann man sogar beobachten, wie sich Denkfallen, also destruktive Gedanken, meistens thematisch an den Spezifika der leeren Speicher orientieren.

Wir haben im Folgenden die aus unserer Sicht wichtigsten Speicher zusammengestellt. Wenn Ihnen noch weitere einfallen, können Sie die Liste für sich ergänzen. Es sollen aber wirklich ganz spezifische Speicher sein, damit Sie nicht in ein Gefühl von »pauschalem Leersein« rutschen.

→ Existenz (Geld, Wohnen, Schlaf ...)
→ Sinnlichkeit (Sexualität, Gefühle, Leichtigkeit ...)
→ Schaffenskraft (Karriere, Sport ...)
→ Mitgefühl (Freundschaft, Liebe, Beziehung ...)
→ Verbundenheit (Gespräche, Kultur, Netzwerke ...)
→ Vision (Zukunft, Veränderung ...)
→ Transzendenz (Religion, Weltanschauung, Glaube ...)

DIE RESSOURCENLEITER

Die östliche Philosophie der Chakren beschreibt das körperliche, seelische, geistige und energetische System des Menschen. Es ist wie eine Leiter mit sieben Sprossen aufgebaut. Die einzelnen Sprossen sind den oben genannten Energiespeichern vergleichbar.

→ Auf der ersten Sprosse geht es dabei zunächst um physische und materielle Sicherheit. Ein Dach über dem Kopf haben die meisten von uns, aber wie steht es um so grundlegende Dinge wie gute Ernährung und regelmäßigen, ausreichenden Schlaf? Auf der Suche nach materieller Sicherheit opfern wir diese Vitalitätsspender manchmal.

→ Der zweite Bereich der Ressourcenleiter beschäftigt sich mit dem Thema Lust und Sinnlichkeit. Genuss wird hier zu einer Quelle von Vitalität. Dabei spielt auch die Sexualität eine Rolle. Der Übergang ist dabei fließend: Ist beim Thema Ernährung auf der ersten Sprosse vor allem der gesundheitliche Aspekt vorherrschend, ist es auf der zweiten der Genuss. Nach dem Apfel bekommt also auch die Schokolade ihre Berechtigung. Denn sinnliche Erfahrungen werden dann wichtig, wenn das Grundbedürfnis nach Gesundheit gesichert ist. Ganz nach dem Motto, erst wenn ich mich sicher fühle, kann ich diese Quelle anzapfen.

→ Auf der dritten Sprosse geht es um den selbstbewussten eigenen Ausdruck in der Welt, die Kraft, Dinge in die Hand zu nehmen und durchzuziehen, etwa beruflichen Aufstieg, Hausbau oder die Familienvergrößerung. Alles Dinge, die Kraft kosten, aber auch Kraft spenden und Vitalität fördern.

Drei wichtige Speicher, die das eigene Befinden und Empfinden sowie die eigene sichtbare Existenz betreffen, sind nun zugänglich. Erst wenn man auf diesen unteren Ebenen für Stabilität gesorgt, also eine solide Basis geschaffen hat, kann man sich gut gestärkt den nichtmateriellen Sprossen der Ressourcenleiter widmen. Hier geht es um zwischenmenschliche Beziehungen, soziale Bedürfnisse und schließlich um Transzendenz oder Spiritualität.

→ Der vierte Bereich auf der Ressourcenleiter kümmert sich um die Beziehung zu anderen Menschen. Und hier wird deutlich, warum es wichtig ist, dass die ersten drei Bereiche gut abgedeckt sein sollten: Denn wie könnte man wirkliche Empathie, Zugewandtheit und Liebe für andere Menschen entwickeln, wenn man sich nicht sicher fühlt und Angst hat, etwas zu verlieren?

→ Auf der fünften Sprosse der Ressourcenleiter geht es um eine klare und wertschätzende Kommunikation mit anderen und um deren Akzeptanz. Der Zusammenhang mit der vorhergehenden Stufe zeigt sich darin, dass man hier das, was man vorher durch Liebe gefühlt hat, in den Ausdruck bringt und so einen mitfühlenden Umgang miteinander pflegt.

→ Diese Form von Verbindung wiederum schafft auf einer sechsten Sprosse Raum für das, was die Begegnung von zwei Individuen an Neuem erschaffen kann. Es geht hier um Ideen und Visionen.

→ Der siebte und letzte Bereich wendet sich der eigenen Spiritualität zu. Hier geht es um die Verbindung, die man mit Gott beziehungsweise dem Göttlichen eingehen kann und die – wie alle anderen Sprossen vorher auch – ebenfalls Vitalität spendet.

LEERE SPEICHER WIEDER FÜLLEN

In unserer psychotherapeutischen Praxis haben wir es immer wieder mit Paaren zu tun, die sich fast ständig streiten. Sie kommen, um ihren Umgang miteinander und ihre Kommunikation zu verbessern. Gefragt nach ihrem Tagesablauf, stellt sich oft heraus, dass einer oder beide Partner zu wenig Schlaf bekommen und sich manchmal auch nicht besonders gut ernähren. Es ist dann wenig sinnvoll, direkt auf Stufe vier oder fünf der Ressourcenleiter anzusetzen (siehe Seite 102). Wir geben in solchen Fällen gerne erst mal den Rat, sich auf der ersten Stufe (siehe Seite 101) besser um sich zu kümmern: früher ins Bett zu gehen, vielleicht gemeinsame Mahlzeiten zu pflegen. Dann lassen sich die Ebenen Beziehung und Kommunikation meist viel besser bearbeiten.
Nicht immer kann man die Sprossen so einfach voneinander trennen. Das wird besonders im beruflichen Bereich deutlich. Hier geht es einerseits um Existenzsicherung, andererseits aber auch um Kreativität, Kommunikation, Anerkennung … In Phasen von hohem Stressniveau können sich daher auch mehrere Speicher leeren. Gedanken wie »Wenn ich die Präsentation vermassle, dann verliere ich den Job« beziehen sich auf das Thema Sicherheit, können aber auch Selbstzweifel im Hinblick auf die eigene Kreativität und Kommunikationsfähigkeit bedeuten. Natürlich sollen Sie auch in solchen Fällen genug essen, trinken und schlafen. Sie können aber auch dort ansetzen, wo die destruktiven Gedanken herkommen: bei der Arbeit. Ziehen Sie sich immer wieder einmal zurück, um Aufgaben konzentriert erledigen zu können. Dann sind einzelne Schritte schnell erledigt. Sie sparen Energie und das heißt, die Speicher können sich wieder füllen (oder werden gar nicht erst leer).

Die Saunatherapie

Sybille hat drei Kinder im Alter von zwei, fünf und sieben Jahren. Vor etwa sechs Monaten ist das vierte Kind geboren worden. Sybille und ihr Mann sind selbstständig, sodass sie das klassische Wochenbett und die Elternzeit nicht wirklich nutzen können. Sybille hat seit einem halben Jahr maximal zwei Stunden am Stück geschlafen, weil das Baby viel gestillt werden möchte und Sybille sich dafür entschieden hat, diesem Bedürfnis auch nachzukommen. Seit etwa zwei Monaten ertappt sie sich immer öfter bei destruktiven Gedanken, die sie erschrecken. Gedanken wie: »Vielleicht wäre es mit drei Kindern genug gewesen? Ich möchte einfach nur abhauen. Wie soll ich jemals wieder Kraft zum Arbeiten haben?« Diesen Gedanken folgen nach dem Schreck weitere, diesmal abwertende Gedanken wie: »Was bin ich für eine schlechte Mutter, die so was nur denken kann.«

Je mehr Zeit vergeht, desto mehr nimmt vor allem die Bewertung der automatischen Gedanken zu, was Sybille in depressive Verstimmungen reißt, die auch ihr Mann – der ebenfalls chronisch übermüdet ist – nicht auffangen kann. Die beiden beginnen zu streiten. Was sich zuerst wie Energie anfühlt – laut werden, etwas durchsetzen, nach vorne bringen –, wird zunehmend kräftezehrend. Besonders am Abend, zur Schlafenszeit, entfachen sich die Diskussionen. Genau dann, wenn eigentlich keine Kraft mehr da ist.

Durch einen glücklichen Zufall oder vielleicht auch weise Voraussicht kommt Sybilles Oma für ein paar Tage zu Besuch und schickt die jungen Eltern zum Essen und in die Sauna. Schon beim ersten Bissen merkt Sybille, dass sie seit Monaten beinahe ausschließlich Fastfood zu sich genommen hat, aber auch, wie gut es ihr tut, frisches Gemüse zu essen. In der Sauna spürt sie zum ersten Mal seit der Geburt in ihrer Nacktheit wieder eine Sinnlichkeit ihrem eigenen Körper gegenüber. Düfte und

Wärme unterstützen diese Empfindung. Und als sie im Whirlpool sitzend zu ihrem Mann blickt, denkt sie: »Eigentlich machen wir das alles doch echt gut!« Zwischen diesem Gedanken und den destruktiven Gedanken davor liegen nicht einmal vier Stunden – aber dennoch Welten: Jemand hat kurzzeitig die Verantwortung übernommen, es gab ein gutes Essen und die Genussfähigkeit wurde angeregt. Das Resultat ist Kraft für den anderen, Kraft für die Liebe und den Austausch sowie am Ende des Tages sogar für neue Pläne: einen regelmäßigen Babysitter.

Beim Thema Entspannung (siehe Seite 90 bis 98) war es uns sehr wichtig, Wissen über die Zusammenhänge von Stress zu vermitteln, denn so lässt sich dieser Weg am besten beschreiben. Stress ist ja darüber hinaus ein grundlegendes Thema, denn unsere Denkfallen können durchaus jede Menge davon verursachen. Das Thema Vitalität dagegen ist am besten anhand von Beispielen zu veranschaulichen. Etwa durch die Geschichte von Sybille (siehe Seite 104). In ihrem Fall ist der Speicher »Existenz« ziemlich leer. Sie hat zu wenig Schlaf, kommt kaum zu regelmäßigen Mahlzeiten und sorgt sich: »Wie soll ich jemals wieder Kraft zum Arbeiten haben?« Hier kommt deutlich zum Ausdruck, dass ihre destruktiven Gedanken das Thema Existenz betreffen. Wichtig dabei ist, dass zwar ein Zusammenhang zwischen Speicher und den Gedanken, die um sich selbst kreisen, besteht: Ein leerer Speicher X korreliert mit Gedanken, die sich um X drehen. Es handelt sich hier aber nicht um einen kausalen Zusammenhang. Das heißt, es ist zu Anfang nicht der leere Speicher, der die destruktiven Gedanken hervorbringt, und es sind nicht die Gedanken, die den Speicher leeren. Das kann jedoch leicht passieren, wenn man weiterhin im Autopilotmodus (siehe Seite 16) und in der Gedankenspirale bleibt. Welche Speicher bei Sybille gefüllt sind, lässt sich kaum sagen, es scheint aber, dass zumindest genügend Schaffenskraft da ist, die Vorschläge der Oma umzusetzen. Und so hilft ein Speicher, der noch Saft und Kraft hat, die anderen aufzuladen. Und bei Sybille füllen sich mit dem Aufladen der ersten Speicher fast automatisch auch die oberen. Schließlich kann sie sogar wieder Pläne machen, berührt also schon wieder die Sprosse »Vision«.

EXPERIMENTIEREN ERLAUBT

Solch eine Erfolgsstory muss nicht immer der Ausgang des Vitalitätsweges sein. Es hätte durchaus sein können, dass allein das Essen, die Ruhe und die Zweisamkeit dafür gesorgt hätten, dass Sybille sich wohler in ihrer Haut fühlt, genährt – und dass die destruktiven Gedanken sich verringert hätten. Es hätte auch passieren können, dass die beiden sich in der Sauna streiten und Sybille denkt: »Mensch, ich krieg es nicht einmal hin, mich zu erholen.« In dem Fall wäre der erste Speicher so leer, dass vielleicht eine gesunde Suppe, zu Hause gelöffelt, erst mal genug gewesen wäre. Das ist ganz individuell und wie vieles eine Frage des Experiments der Selbstkenntnis und eines Quäntchens Glück. Probieren Sie also ruhig ein wenig aus, was Ihnen guttut, wenn Sie sich ausgelaugt fühlen und den Eindruck haben, dass der eine oder andere Speicher aufgetankt werden sollte.

VORSORGE IST BESSER ALS NACHSICHT

Das Ergebnis Ihrer Experimentierfreudigkeit können Sie dann übrigens auch anwenden, um Ihre Vitalität und Lebenskraft auf einem ausbalancierten Niveau zu halten und dafür zu sorgen, dass sich die Speicher gar nicht erst leeren. Denn während Entspannung beziehungsweise Entspanntheit (siehe Seite 90 bis 98) ein natürlicher Zustand ist, der durch die Abwesenheit von Stress spürbar wird, ist Vitalität zu jeder Zeit aktiv »nachladbar«. Sorgt man kontinuierlich für seine Speicher, kann das wie ein Immunsystem wirken, das die Denkfallen auf ihre Nützlichkeit oder Gefährlichkeit untersucht und – falls notwendig – tatsächlich sogar abprallen lassen kann. Denn Vitalität beruht auf Energiereserven, aus denen man Kraft schöpft und durch die man sich glücklich und ausgeglichen fühlt – weil man Kraft zum Fühlen hat.

Kleines Vitalitätstraining

Unsere Vitalitätsspeicher leeren sich natürlich dann besonders schnell, wenn wir längere Zeit unter Stress stehen. Aber auch dann, wenn eigentlich alles ganz glatt läuft, verbrauchen wir Energie und Lebenskraft und wir sollten kontinuierlich nachladen. Hier ein paar Anregungen dazu:

- Nehmen Sie sich die Liste der Vitalitätsspeicher von Seite 101 vor. Wenn Sie diese bereits für sich erweitert und/oder spezifiziert haben, dann verwenden Sie Ihre Liste. Bewerten Sie zunächst auf einer Skala von 0 bis 10 den Zustand eines jeden Speichers, wobei 0 für »total leer« und 10 für »bis an den Rand gefüllt« steht.

- Der oder die Speicher, die tiefe Werte erzielten, nehmen Sie sich anhand der folgenden Fragen als Erstes vor: Zu welchen Menschen gehen Sie oder würden Sie gerne gehen, wenn Mitgefühl oder Verbundenheit zu kurz kommen? Vielleicht passt es für Sie aber auch, dass Sie Ihre Katze streicheln? Welche Aktivitäten tun Ihnen gut, wenn Sie sich körperlich schlapp fühlen (Sauna, Joggen, eine kräftige Suppe ...)? Welchen Ort suchen Sie auf, wenn Sie mehr Spiritualität suchen (Meditationskurs, Kirche, Platz in der Natur ...)? Wohin gehen Sie oder könnten Sie gehen, um Zukunftsvisionen zu verwirklichen (zu Ihrem Geschäftspartner, einer gemeinnützigen Organisation ...)?

- In einem nächsten Schritt wenden Sie die Frageübung dann auch auf die restlichen Speicher an.

- Schließlich schreiben Sie auf, was Sie bereits alles tun, um die verschiedenen Speicher zu füllen. Und zu guter Letzt notieren Sie die Möglichkeiten, die durch die Übung noch hinzugekommen sind. So erkennen Sie, welchen Schatz Sie zur Verfügung haben und wie Sie ihn vergrößern können.

BEOBACHTUNG –
ES IST, WAS ES IST

Sie haben nun zwei kraftvolle Prinzipien kennengelernt, um etwas Gutes für sich zu tun: Entspannung und Vitalität. Was aber, wenn es keine Zeit mehr zur Entspannung zu geben scheint und Möglichkeiten, die eigene Vitalität durch Energiezufuhr von außen aufzuladen, unerreichbar oder unbezahlbar scheinen? Dann haben Sie sich beim Lesen bis hierhin vielleicht gedacht: »Das klingt ja alles schön und gut. Aber wie soll ich das in meinem Alltag praktisch umsetzen?«

Eine berühmte Zigarettenmarke wurde sehr erfolgreich mit dem Slogan »Heute mache ich mal, was ich will: nichts!«. Denn der Wunsch, einfach mal nichts mehr tun zu müssen, schlummert tief in den meisten von uns. Warum also nicht mal einfach nichts tun? Und dabei trotzdem – oder gerade dadurch – die augenblickliche Situation spürbar zu verbessern. Der Trick liegt hier im Wörtchen »spürbar«. Denn es hat tatsächlich etwas mit »spüren« zu tun und nichts mit »ausschalten«, »wegdrücken« oder »betäuben«.

SICH ZU BETÄUBEN NÜTZT NICHTS

Da unser Denkapparat, wie Sie gesehen haben, vor allem dann aktiv ist, wenn wir eigentlich gar keine Energie mehr in uns fühlen (siehe Seite 99), neigen wir dazu, in Zeiten des Nichtstuns unser Denken auf vielfältigste Weise zu betäuben. Zum Beispiel durch Rauchen, was – aus welchen Gründen auch immer – oft mit Muße und Freiheit gleichgesetzt wird. Des Weiteren gibt es viele Nahrungsmittel, die kurzzeitig Glücksgefühle freisetzen und ein Gefühl von Autonomie hervorrufen, wenn wir sie zu uns nehmen, obwohl sie nicht gut für uns sind. Zu den beliebtesten gehören Alkohol und zucker- oder fetthaltige Getränke und Speisen, etwa Schokolade. Aber auch Ablenkungen, die uns – nur scheinbar! – eine Pause versprechen, rufen kurzfristig das Gefühl von Kontrolle und Erfolg hervor: Facebook, WhatsApp oder die inzwischen schon altmodischen SMS sorgen dafür, dass wir beim Anklicken von Nachrichten, die wir bekommen, kurzfristig von Dopamin (siehe Seite 93) durchflutet werden. Denn wir fühlen uns dann begehrt und das gefällt uns. Filme oder Serien, die wir über Streaming- und Video-on-demand-Dienste bestellen, sind ein weiteres Ablenkungsmittel, das uns neuerdings zum sogenannten »Binge watching« einlädt: stundenlanges Schauen einer ganzen Staffel von Folgen hintereinander. Das ist salonfähig und cool, letztendlich aber auch nur ein Zeichen von mangelnder Impulskontrolle. Mit der Fähigkeit zur Selbstregulation hat das nichts zu tun (siehe Infokasten unten).

Impulskontrolle und Selbstregulation

Wenn jemand sich in einem unangenehmen Spannungszustand befindet und diesen durch eine impulsive unpassende Reaktion aufzulösen versucht, spricht man in der Psychologie von mangelnder oder gestörter Impulskontrolle. Eine willentliche Beherrschung des impulsiven Verhaltens ist nur schwer möglich. Wenn Sie in Stresssituationen dazu neigen, spontan und automatisch zur Fernbedienung, zum Mobiltelefon, zum Glas Wein … zu greifen, heißt das natürlich nicht, dass Sie unter einer veritablen Impulskontrollstörung leiden. Dennoch lohnt es sich, das eigene Verhalten zu hinterfragen und auf eine stärkere Selbstregulation hinzuwirken. Damit ist die Fähigkeit gemeint, seine Impulse, aber auch Gefühle, Stimmungen, Handlungen und die eigene Aufmerksamkeit zu kontrollieren und zu steuern. Das heißt, nicht der momentanen Lustbefriedigung zu folgen, sondern sich an längerfristigen Zielen zu orientieren. Dabei hilft der Weg der Beobachtung.

SICH IM NICHTSTUN SPÜREN

Aber wie tut man denn nun nichts auf eine Art und Weise, die wirkungsvoll gegen Denkfallen hilft? Während es bei der oben beschriebenen »Betäubung« darum geht, sich vordergründig möglichst schnell zu belohnen, meinen wir in diesem Zusammenhang die Kombination von Passivität und der ihr innewohnenden Aktivität, nämlich das Spüren und Fühlen. Zu dieser Verknüpfung gehört es auch, genau zu beobachten, was beim Nichtstun in uns vor sich geht. Das Beobachten verlangt von Ihnen nur, nicht den gewohnheitsmäßigen Ablenkungen nachzugehen. Und das ist einfacher, als Sie jetzt vielleicht denken, denn sich mit sich selbst zu beschäftigen und sich dabei selbst besser kennenzulernen kann äußerst spannend und lustvoll sein.

SELBSTBEOBACHTUNG IN DREI SCHRITTEN

Die Anleitung zum »aktiven Nichtstun« ist denkbar einfach. Sie müssen sich dazu nicht einmal zur Meditation auf ein Kissen setzen. Sie können das aber tun und vielleicht finden Sie ja langfristig sogar Gefallen daran. Es beginnt mit einem »Stopp!«. Egal, womit Sie sich gerade beschäftigen oder wozu Sie sich gerade angetrieben fühlen, Sie hören für einen Moment damit auf oder machen eine kurze Pause, bevor Sie weitermachen beziehungsweise damit beginnen. Dann kommt der Schritt »Was gibt's?«. Das bezieht sich nicht auf eine mentale Analyse, sondern nur auf ein interessiertes Sammeln von Eindrücken: Was passiert gerade in Ihrem Inneren? Dann erst geht es zurück in die Aktivität. Der Dreiklang sieht ausführlich dargestellt so aus:

→ Das Innehalten: Bevor wir etwas beginnen oder wenn wir gerade mittendrin sind, etwas zu tun, können wir für einen kurzen Moment unsere Aufgabe oder unser Vorhaben kurz sein lassen. Sogar, wenn wir gerade dabei sind, uns an einem angenehmen Ort zu entspannen, können wir kurz innehalten. Wir nennen das »wach werden«, man könnte auch sagen »einen Schritt zurücktreten«. Das ist die Voraussetzung dafür, sich im nächsten Schritt auf das Beobachten einzulassen: In dem kurzen Moment der Unterbrechung kann unser Interesse erwachen für das, was wir dann wahrnehmen werden. Ansonsten liegen in diesem Moment keine weiteren Absichten.

→ Das Beobachten: Statt sich jedoch in dieser Wachheit den Vorgängen im Außen zu widmen, wenden wir uns unseren inneren Prozessen zu. Wir beobachten den Geist: Was für Gedanken tauchen auf? Wohin ziehen diese Gedanken? Welche Art von Gedanke folgt auf den vorhergehenden? Vielleicht erkennen wir eine Geschichte, ein Muster. Und nehmen die Gedanken und Gefühle an Intensität ab oder zu? Möglicherweise bewegen wir uns gedanklich in Schleifen oder Spiralen. Eskalieren bestimmte Gedanken sogar? All das ist nicht ungewöhnlich, sondern liegt – wie wir an früherer Stelle beschrieben haben – an der Natur des Geistes. Es hat sich für uns in der Vergangenheit ja oft als hilfreich erwiesen, in Regelkreisläufen zu denken und, wenn wir Unterschiede zwischen dem Ist- und dem Sollzustand festgestellt haben, aktiv zu werden. Deshalb gibt es keinen Grund, sich über die Vielzahl und Vielfalt von Gedanken und Sorgen zu ärgern. Es zeigt ganz im Gegenteil, dass wir uns auf konventionelle Weise bereits sehr gut um uns kümmern! Nehmen wir also einfach nur wahr, welche Abfolge von Gedanken auftaucht, wenn wir eigentlich gerne hätten, dass gerade diese Gedanken zur Ruhe kämen.

»Die Noten beherrsche ich nicht besser als andere Pianisten auch. Aber die Pause zwischen den Noten – da liegt die Kunst.«

ARTHUR SCHNABEL | ÖSTERREICHISCHER PIANIST

→ Das Zurückkehren: Nach einer gewissen Zeit, deren Dauer wir selbst festlegen, kehren wir wieder zu der Tätigkeit zurück, die wir für die Spanne des Beobachtens unterbrochen hatten oder gerade vorhatten anzufangen. Wir bemerken dann dabei, dass unsere innere Ruhe – trotz des Gedankenkarussells, das wir vielleicht gerade zum ersten Mal bewusst bemerkt haben – zugenommen hat. Sich den (oft destruktiven) Gedanken bewusst zu stellen nimmt ihnen bereits etwas von ihrem negativen Einfluss auf unser Befinden.

DIE STILLE ZWISCHEN ZWEI GEDANKEN

Sie können aber auch noch etwas anderes bemerken. Wenn Sie nicht versuchen, bestimmte Gedanken zu verhindern oder die auftauchenden Probleme und Fragen noch an Ort und Stelle zu lösen, sondern wirklich nur beobachten, dann gibt es vielleicht manchmal eine kurze Pause zwischen den Gedanken. Diese Pause – ein kleiner und möglicherweise überraschender Moment der inneren Stille – gehört genau so zu Ihnen und Ihrem Geist wie die Wellen (siehe Seite 17 bis 18), die das alltägliche Bewerten, Wählen und Abwägen mit sich bringen. Wenn Sie eine solche Pause bemerken, dann haben Sie vielleicht bereits den ersten Schritt in ein neues und freieres Leben gemacht. Denn diese – wenn auch kurzen – Momente der Ruhe können ab jetzt zu ihrem Alltag gehören. Sollten Sie diese kurze Stille jedoch (noch) nicht spüren oder würden Sie gerne mehr davon haben, dann geben Sie bitte nicht auf. Es beginnt gerade erst, interessant zu werden. Denn jetzt kommt eine möglicherweise etwas paradoxe Anleitung: Suchen Sie nicht bewusst nach diesen Pausen. Wünschen Sie sich nicht, mehr von diesen Pausen zu bemerken. Denn mit Suchen und Wünschen schaffen Sie (analog zu Denkfalle 3) gerade neue Wellenbewegungen im Geist. Es kommt dann leicht Unzufriedenheit darüber auf, dass es eben keine oder zu wenig Stille gibt. Aber wenn Sie eine solche Pause – sozusagen aus Zufall – zwischen den einzelnen Gedanken spüren, dann genießen Sie sie. Baden Sie in diesem kleinen Moment der Leere und Stille.

Immer wieder zurück auf Los

Jens, 47 Jahre alt, nimmt auf Anraten seines Arztes an einem Meditationskurs teil. Als er am ersten Kursabend nach der Arbeit die Anweisung bekommt, seinen Atem zu beobachten, scheint ihm dies eine leichte Übung. Doch nach den ersten drei Atemzügen schweift seine Aufmerksamkeit von der Beobachtung des Ein- und Ausatmens ab und hin zu den Ereignissen des Tages, den Planungen für morgen und den Auseinandersetzungen, die er gerade zu Hause hat. Als die Übung nach 20 Minuten durch eine Glocke beendet wird, bemerkt er, dass er die meiste Zeit gedanklich beschäftigt war, und beschreibt das in der Feedbackrunde. »Hervorragend!«, sagt der Kursleiter. »Was ist daran hervorragend? Ich konnte mich gar nicht konzentrieren«, erwidert Jens. Die Antwort des Kursleiters: »Du hast bemerkt, dass deine Aufmerksamkeit abgeschweift ist. Das heißt, du hast beobachtet! Es spielt keine Rolle, wie lange du die Konzentration halten kannst. Wichtig ist, dass du sie – wenn du sie verloren hast – immer wieder zum Atem zurückbringst. So, wie wenn du beim Monopoly wieder zurück auf Los gehst und von vorne beginnst. Du kannst dir sogar selber erlauben abzuschweifen und statt des Atems Empfindungen im Körper betrachten. Wo es zwickt oder kribbelt oder was sonst in dir vorgeht. Betrachte es, ohne es zu bewerten.« In der zweiten Runde beobachtet sich Jens selbst dann interessiert wie einen Abenteuerfilm. Zum ersten Mal seit längerer Zeit kommt er später mit guter Laune nach Hause.

Sie werden sich in diesem »Nichts« kurzzeitig sehr reich und sehr lebendig fühlen. Dieses Gefühl gehört ganz Ihnen, ohne dass Sie es sich »merken« oder auf andere Weise festhalten müssten. Die Stille festzuhalten ist ohnehin ein wenig erfolgversprechendes Unterfangen. Aber allein durch das Wachsein im Moment der Pause und das aktive Beobachten werden in Ihnen solche Momente dieser Stille wachsen. Und diese »Leerheit« ist wiederum tatsächlich eine Quelle der Kraft. Denn ganz sicher hat in diesen Momenten der analysierende Geist Pause und verzehrt keine Energie. Vielleicht ist die Pause nur sehr kurz und schneller wieder vorbei, als Ihnen lieb ist. Aber Sie werden sich möglicherweise schon durch einen kleinen Moment davon erfrischter fühlen als vorher. Und genau deshalb sollten Sie nicht abbrechen, wenn es mit den Momenten der Stille nicht auf Anhieb so klappt, wie Sie es sich wünschen. Selbst abwehrende Gedanken wie »Ich bin so unruhig, wie soll ich da Stille finden?« oder »Ich schaff das eh nicht. Das ist nichts für mich!« können Sie beobachten – und dazwischen Momente der Stille wahrnehmen und genießen.

PAUSE FÜR DEN INNEREN RICHTER

»Wie soll ich innehalten«, könnten Sie fragen, »wenn ich gerade im Auto am Steuer sitze, vor mir ein Laster fährt, hinter mir ein Sportwagen und über mir ein Hubschrauber kreist?« Gehen wir zusätzlich davon aus, dass Sie sich gerade auf einer einspurigen Fahrbahn neben einer Baustelle auf der Autobahn befinden, einen dringenden Termin einzuhalten haben und vielleicht nicht einmal mehr sicher sind, ob Sie überhaupt genug Benzin im Tank haben, um Ihr Ziel zu erreichen. Kurzum, alles im Außen fordert gerade jetzt Ihre volle Konzentration. Ganz klar: Wir möchten nicht, dass Sie in dieser Situation innehalten und im nächsten Moment einen schlimmen Unfall »beobachten« müssen, in den Sie auch noch selbst involviert sind. Dennoch: Das Beobachten erlaubt Ihnen auch, für einen kurzen Augenblick mit dem anstrengenden Bewerten der Situation aufhören zu dürfen – auch während Sie weiter daran teilnehmen. In unserem Beispiel würde das bedeuten, Sie nehmen genau wahr, was um Sie herum passiert, und lassen so negative bewertende Gedanken – etwa »Ich schaffe es nicht zu meinem Termin« oder »Warum sind heute nur lauter Idioten unterwegs?« – gar nicht erst aufkommen zu lassen. Solches Beobachten ist in schwierigen oder gar brenzligen Situationen nicht nur möglich, sondern auch sinnvoll, ja vielleicht lebensrettend. Beobachtung diesmal also nicht im Nichtstun, sondern bei einer Aktivität und in Momenten höchster Konzentration.

Sie erlauben Ihrem Geist auf diese Weise, in einen anderen Modus zu gehen: weg vom bewertenden Denken, das sehr anfällig für die verschiedenen leidtragenden Denkprinzipien ist, hin zu einem wertfreien Wahrnehmen der Umgebung. So wie eine Videokamera lediglich das Sichtbare und ein Mikrofon nur das Hörbare aufnimmt. Werden die gespeicherten Daten dann wiedergegeben, ist zwar nur ein Bruchteil der Realität eingefangen. Aber der Monitor lässt sich nicht darüber aus, ob das wiedergegebene Bild schön oder nicht schön ist, und weder lobt der Lautsprecher die Musik, die er von sich gibt, noch meckert er über sie. Beobachten heißt, die Dinge wahrzunehmen, wie sie nun einmal sind: »Es ist, wie es ist« lautet die Devise. Oder: »Es ist, was es ist.«

Sobald Sie das Bewerten – das Ihnen bei vielen lebenswichtigen Entscheidungen dient, andererseits aber auch immer wieder unnötigerweise zur Qual der Wahl führt (siehe Seite 55) – für kurze Zeit vom Dienst suspendieren, können Sie den Modus des Beobachtens erleben. Und das ist tatsächlich ein sehr lebendiger Seinszustand. Denn ohne dass Sie sich gezwungen fühlen zu überlegen, wie Sie mehr von dem Angenehmen und weniger von dem Unangenehmen in Ihrem Leben haben könnten, können Sie die Dinge anschauen, ohne dass Sie dabei eine Entscheidung treffen müssten. Der Zustand des Beobachtens ist also eine Pause im täglichen Entscheidungsmarathon. Sie unterbrechen damit den heutzutage als erstrebenswert geltenden Zustand der Veränderungsorientiertheit und den Glücks- und Selbstoptimierungswahn. Denn Sie nehmen einfach nur das »Ist« wahr, ohne das »Soll« zu bedienen. Für diesen Zeitraum spielen Ziele keine Rolle. Sie erreichen sie jedoch trotzdem – vielleicht sogar auf eine wesentlich entspanntere Weise.

Schaffen Sie sich Ruheoasen

Egal, welcher Orkan um Sie herum tobt: Sie haben jederzeit das Heft in der Hand, eine Pause einzulegen und in diesem Innehalten Kraft zu sammeln – auch wenn um Sie herum die Geschäftigkeit weitergeht.

- Geben Sie sich – wenn das Klingeln des Telefons Sie ruft – die Zeit, drei tiefe Atemzüge zu beobachten, bevor Sie das Gespräch annehmen. Wenn dann schwierige Gedanken auftauchen – etwa »Jetzt muss ich gleich alles richtig machen!« oder »Was will er/sie jetzt bloß von mir?«, halten Sie eine kurze Zeit inne und beobachten Sie, was Sie denken, fühlen und spüren. So schaffen Sie eine Distanz zwischen sich und den Stressoren. Sie brauchen keine Angst zu haben, dass Ihr Gesprächspartner verärgert ist, wenn Sie nicht sofort abheben. In der Regel freut der sich, wenn er während des Klingelns kurz verschnaufen darf, um sich zu sammeln. Und er hat dann in Ihnen ein präsentes Gegenüber am Telefon.

- Wenn Sie bemerken, dass Sie sich über eine der vielen täglich zu erledigenden Aufgaben ärgern, zum Beispiel darüber, gerade wieder etwas sauber machen zu müssen, dann halten Sie für einen Moment inne. Schenken Sie sich Zeit, die Arbeit etwas langsamer auszuführen als üblich, dafür mit größerer Aufmerksamkeit für die kleinen Einzelheiten. Dadurch kann selbst das Spülen einer Tasse zu einer kleinen Ruheoase werden.

- Versuchen Sie zwei oder drei Alltagsverrichtungen pro Tag bewusst zu erleben, zum Beispiel das Bücken nach dem Wäschekorb, das Aufschließen der Autotür … Spüren Sie bewusst den Bewegungsablauf und Ihre Atmung. Mit der Zeit können Sie sich länger dauernde Tätigkeiten suchen: Duschen, Wäscheaufhängen oder den Schreibtisch aufräumen.

KONZENTRATION –
AUFMERKSAMKEIT BÜNDELN

Beim Weg der Beobachtung (ab Seite 108) ist der Begriff Konzentration bereits aufgetaucht. Und tatsächlich hängen diese beiden Strategien, mit denen Sie Ihren Denkfallen begegnen können, sehr eng zusammen. Ohne seine Aufmerksamkeit zu bündeln, also zu konzentrieren, wäre keine Beobachtung möglich. Man spricht in diesem Zusammenhang auch vom Fokus, den wir auf etwas richten. Bei der Impulsübung auf der vorhergehenden Seite haben Sie sich zum Beispiel auf eine Tätigkeit – das Spülen der Tasse – konzentriert beziehungsweise diese Tätigkeit und das dazugehörige Objekt fokussiert. Und wahrscheinlich funktionierte das wie bei Jens in der Fallgeschichte auf Seite 113 nicht über längere Zeit. Dennoch müssen wir Konzentration nicht als Anstrengung empfinden.

WIR KÖNNEN ABSICHTLICH ABSICHTSLOS SEIN

Es gibt in unserem Sprachraum eine Vorstellung von Konzentration als einer tendenziell eher schwierigen Angelegenheit. Für viele beinhaltet es die Idee, sich konzentrieren zu »müssen«. Und das fällt uns Menschen von Natur aus nicht unbedingt leicht, weil unser Geist ja ständig Eindrücke der Umwelt aufnimmt, sich an Aufgaben erinnert, die zu erledigen sind … Wenn wir diese gestreute Aufmerksamkeit nun auf einen Punkt hin fokussieren, dann ist das ein Willensakt, der eben auch Willenskraft erfordern kann. So kann Konzentration uns innere Ressourcen abverlangen, nach einiger Zeit ermüden und zugleich beunruhigen. Meditationsanfänger berichten häufig, dass die Technik, von der sie Entspannung erwarten, sie noch hibbeliger macht, als sie vorher waren.

Die Lösung liegt wie so oft in einem Paradox: Wenn wir unsere Willenskraft länger einsetzen, um uns zu konzentrieren, und müde werden, dann steht uns gewissermaßen unsere Absicht im Weg. Die Konzentration auf etwas – zum Beispiel bei einer Meditation auf den Atem – wird jedoch als wesentlich leichter empfunden, wenn wir nicht in erster Linie die Absicht verfolgen, uns auf die Atmung zu konzentrieren, sondern vor allem die Absicht, immer wieder zum Konzentrationsobjekt zurückzukehren, sobald wir bemerken, dass wir uns davon entfernt haben. Wir befreien uns also von Anfang an vom Erfolgsdruck. Es geht nicht vor allem darum, die ungeteilte Konzentration auf das Objekt zu halten, sondern lediglich darum, uns immer wieder daran zu erinnern, dass wir für eine vorher bestimmte Zeit gerne immer wieder zum vorher bestimmten Konzentrationsobjekt zurückkehren wollen. Wenn wir dann bemerken, dass unsere Aufmerksamkeit woanders hinwandert oder gewandert ist, lenken wir sie einfach wieder auf den gewählten Fokus. Wir tun das, ohne uns darüber zu ärgern, dass wir abgeschweift sind. Denn wir haben uns von Anfang an klargemacht, dass es kaum möglich ist, die Konzentration überdauernd zu halten. Dadurch, dass wir den Fehlschlag vorweggenommen haben, haben wir für den Erfolg gesorgt. Reine Konzentration ist für einen nicht über Jahre hinweg trainierten Geist geradezu unmöglich. Aber es ist auch für Meditationseinsteiger ein Leichtes, das Abschweifen vom Konzentrationsobjekt zu bemerken.

»Achtsam zu sein bedeutet, wach zu sein. Es bedeutet zu wissen, was man tut.«

JON KABAT-ZINN | US-AMERIKANISCHER MEDITATIONSLEHRER

Dabei unterstützt uns der Autopilot (siehe Seite 16 bis 18): Wir nutzen gewissermaßen die Tendenz des Geistes, »Fehler« zu beobachten (um sie zu korrigieren), dazu, unsere »Fehler« bei der Konzentration zu erkennen. Und anstatt uns – wie sonst so häufig – für das Scheitern zu schelten, freuen wir uns darüber, dass wir bemerkt haben, was geschehen ist. Wir üben also mit der Absicht, uns zu konzentrieren, lassen aber die Zügel der Aufmerksamkeit locker genug, sodass wir nicht nur die Phasen der tatsächlichen Fokussierung als Erfolg sehen, sondern auch die Tatsache, dass wir das Abweichen der Konzentration bemerkt haben. Denn die eigentliche Absicht, die über der Konzentration stand, ist die Beobachtung selbst gewesen.

ACHTSAM IM HIER UND JETZT

Vermutlich haben Sie schon einmal von »Achtsamkeit« gehört. Man versteht darunter eine besondere Form von Aufmerksamkeit. Sie setzt sich zusammen aus Konzentration und Beobachtung, wie wir sie bisher beschrieben haben. Es geht um die Fähigkeit, sich selbst, seine Gedanken, seine Gefühle, seinen Körper ohne zu bewerten wahrzunehmen – wahrzunehmen, so, wie es ist. Wir konzentrieren uns dabei auf etwas, was gerade im Moment passiert. Wir erkennen zum Beispiel: »Aha, da ist der Gedanke ›Ich bin ein Trottel‹« oder »Aha, da ist Unsicherheit«. Und da sich unser Geist demnach im Hier und Jetzt befindet, können für diesen kurzen Augenblick die destruktiven Gedanken unserer Denkfallen – die sich ja gerne grübelnd auf Vergangenheit oder Zukunft stürzen – nicht länger gedacht werden. Konzentration und Beobachtung können also ein Weg aus einer Denkfalle sein. Denn durch solche »Denkpausen« schaffen Sie einen wohltuenden Abstand zu den Gedanken und Gefühlen. Gleichzeitig sind die beiden ersten Wege darin enthalten, denn entsprechende Übungen führen auch in die Entspanntheit und geben einen Energie- und Vitalitätsschub. Freuen Sie sich also auf die folgende Meditationsübung.

IMPULS

Sich auf den Atem konzentrieren

Sowohl die östlichen Weisheitstraditionen als auch die abendländischen Mystiker empfehlen als Achtsamkeitsübung die Konzentration auf den Atem.

- Nehmen Sie sich zehn Minuten Zeit, in denen Sie möglichst nicht gestört werden. Setzen Sie sich auf ein Kissen, einen Stuhl oder einen Sessel. Die Haltung soll aufrecht und bequem sein.

- Schließen Sie die Augen und lenken Sie Ihre Aufmerksamkeit auf den Atem beziehungsweise fokussieren Sie die mit dem Atem verbundenen Abläufe in Ihrem Körper, zum Beispiel die sanften Bewegungen Ihrer Bauchdecke bei der Atmung. Sie können fühlen, wie sich die Bauchdecke durch die Bewegung des Zwerchfells mit der natürlichen Einatmung sanft nach vorne und mit der natürlichen Ausatmung von selbst wieder zurückbewegt.

- Wenn Sie möchten, können Sie auch versuchen, feinere Körperempfindungen wahrzunehmen, die sich mit der Aus- und Einatmung verändern. Lenken Sie Ihre Aufmerksamkeit zum Beispiel auf das Dreieck zwischen Nase und Oberlippe, wobei der Punkt zwischen den Nasenlöchern eine Spitze des Dreiecks bildet. Mit etwas Übung können Sie hier feine Temperaturunterschiede spüren: Die von außen einströmende Luft ist etwas kühler als die vom Körper angewärmte ausströmende Luft.

- Und vergessen Sie nicht: Wenn Ihre Aufmerksamkeit abschweift, kehren Sie geduldig immer wieder zur konzentrierten Beobachtung Ihrer Atmung zurück, ohne sich zu ärgern.

Je öfter Sie üben, desto mehr kommen Sie in den Genuss von Denkpausen, die dafür sorgen, dass Sie nicht immer wieder in dieselbe Gedankenfalle tappen, und Ihnen so Raum für Veränderung bieten.

Mit dieser Achtsamkeitsübung können Sie den Fokus von Problemen der Vergangenheit oder der Zukunft lösen beziehungsweise vom ständigen Vergleich zwischen Ist- und Sollzustand (siehe Seite 21). Denn Sie stellen Ihrem Denken damit einen Anker zur Verfügung. Damit ist gemeint, dass es sich am Meditationsobjekt festhalten kann. So verschaffen Sie sich Raum, der Sie vor vorschnellen, antrainierten Gedanken und Handlungen schützen kann, falls es notwendig ist. Wenn Sie Ihre Aufmerksamkeit regelmäßig schulen, also dann, wenn gerade kein akutes Problem zu lösen ist, trainieren Sie Ihre Fähigkeit, die Kraft von Konzentration und Beobachtung in jedem anderen – auch schwierigen – Moment zu nutzen (siehe Fallgeschichte auf Seite 122). Üben Sie anfangs nur wenige Minuten. Wenn Sie möchten, können Sie die Dauer mit der Zeit auf 20 bis 30 Minuten ausweiten.

NEUGIER UND INTERESSE NUTZEN

Die Vorstellung, dass Konzentration ein Kraftakt ist, und die Erfahrung, dass bewusstes Fokussieren am Anfang durchaus auch anstrengend sein kann, führt immer wieder dazu, dass man entweder aufgibt oder mit einer ungünstigen Motivation an die Sache herangeht. Wenn es Ihnen schwerfällt, die Übungen regelmäßig durchzuführen, können Sie die natürliche Fähigkeit des Menschen zur Neugierde nutzen. Beginnen Sie Ihre Beobachtung beziehungsweise Ihre Meditation oder Achtsamkeitsübung mit einem »Wow« oder mit einem »Ah« oder »Hui, wie interessant«. Damit motivieren Sie sich selbst, weil Sie Neugierde und Interesse anstacheln. Neugier ist die erste Stufe, um innere Widerstände elegant zu überwinden. Mit ihrer Hilfe weitet sich aber auch unser Tunnelblick, was besonders für Denkfalle 1 und 2 wichtig ist (siehe ab Seite 38 und 46), und sie macht uns etwas mutiger, was uns vor allem bei Denkfalle 4 und 5 (ab Seite 63 und 72) weiterhilft, weil wir alles, was auftaucht – auch unangenehme Gedanken und Gefühle –, vorbehaltlos betrachten, ohne zu werten. Das wiederum ist auch für Denkfalle 3 (ab Seite 54) bedeutend, weil wir Abstand von starken Wünschen schaffen.

Sich selbst beruhigen

Michael, 35 Jahre alt, soll für seine Firma auf einem Kongress eine Präsentation halten. Er hatte mehrere Tage Zeit, sich in das Thema einzuarbeiten. Am Abend vor der Veranstaltung kommt sein Chef mit Details zu einem neuen Produkt, die Michael berücksichtigen soll.

Obwohl Michael gewöhnt ist, vor Menschen zu sprechen, beginnt seine Hand leicht zu zittern, als er am folgenden Tag seine Powerpoint-Präsentation beginnt. Er bemerkt seine Unruhe und beobachtet im nächsten Moment, wie der Atem mit der Einatmung in seinen Bauch einströmt, dort kurz verweilt und mit der Ausatmung ausströmt. Ganz so, wie er es in seinem Meditationskurs gelernt hat. Michael wird augenblicklich ruhiger und fährt gewohnt routiniert fort. Als er jedoch auf das neue Produkt zu sprechen kommt, bemerkt er eine innere Stimme: »Davon hast du doch überhaupt keine Ahnung.« Er glaubt der Selbstkritik. Seine Sätze werden abrupter und er schnappt etwas nach Luft, weil er kurzatmiger geworden ist. »Du musst dich zusammenreißen«, sagt die innere Stimme und »Die werden merken, dass du keine Ahnung hast«. Wieder konzentriert sich Michael auf seine Atmung, statt dem inneren Richter weiter zuzuhören. Für eine Sekunde spürt er Frieden, aber dann bricht der nächste innere Satz durch: »Du kannst dir jetzt keine Pause leisten. Du musst weitermachen.« Michael dehnt seine Wahrnehmung für den nächsten Moment auf den ganzen Körper aus und sucht nach einer Empfindung, einem Anker. Er spürt seine Füße in den festen Schuhen auf dem Boden. Die innere Stimme sagt ihm »Ich mach das hier nicht zum ersten Mal!« und er spürt, wie er auf seine lang erarbeitete Erfahrung zurückgreifen kann. Die Sorge um das mangelnde aktuelle Wissen tritt in den Hintergrund. Das Publikum sieht und hört nun wieder einen Menschen, der ganz bei der Sache ist. Michaels wiedergefundenes Vertrauen strahlt auf die Zuhörer aus.

UMGANG MIT SCHWIERIGEN EMOTIONEN

Konzentriertes Beobachten erlaubt es uns auch, gut mit schwierigen Gefühlszuständen umzugehen. Wir verwenden dazu die Technik des Benennens, damit uns Gefühle wie Wut oder Angst und deren Spielarten nicht davontragen und wir nicht in unseren alten Mustern, Glaubenssätzen und Geschichten verhaftet bleiben. Wenn im Alltag oder bei der Beschäftigung mit Denkfallen also negative Emotionen auftauchen, dann nehmen Sie die Haltung des neutralen Beobachters ein. Konzentrieren Sie sich auf Ihre Gefühle und benennen Sie diese möglichst genau: Unruhe, Ärger, Unsicherheit … Damit schaffen Sie eine kleine Distanz zur Emotion: Sie identifizieren sich weniger mit dem schwierigen Zustand als vielmehr mit der Rolle des Beobachters. Das allein schafft einen Raum, in dem sich Möglichkeiten auftun können, angemessener auf die Situation zu reagieren, als wenn Sie durch die Emotion zu einem direkten Schritt vorangetrieben werden. Das heißt, Sie beherrschen Ihr Gefühl, nicht umgekehrt.

CHARISMATISCH UND PRÄSENT SEIN

Zum Schluss möchten wir noch einmal auf das Hier und Jetzt, den Augenblick, den Moment zurückkommen. Das lateinische Wort »momentum« kann sowohl »Zeitpunkt« bedeuten als auch »Schwung«. Wenn Sie es gelernt haben, sich selbst zu zentrieren (siehe Seite 120 und 122), dann führen Sie sich in den Moment, was Ihnen einerseits Präsenz und Ausstrahlung verleiht. Andererseits bringen Sie sich selbst in Schwung, Ihr Vorhaben, Ihre Tätigkeit mit Kraft und Energie auszuführen. Machen Sie also in Momenten, in denen Sie sich unsicher, unruhig oder ängstlich fühlen, eine kleine Konzentrationspause, um aus dieser Ruhe heraus ihr Potenzial entfalten zu können. Konzentrationstechniken empfehlen wir auch vor wichtigen Gesprächen. Allein für einige Augenblicke die Zehen zu fokussieren lenkt den Geist auf Körperempfindungen. Wenn Sie dann den Fokus auf Ihren Ansprechpartner richten, tun Sie das mit gesteigerter geistiger und physischer Präsenz.

SELBSTMITGEFÜHL
– GEBORGENHEIT TANKEN

Auf den vorhergehenden Seiten haben wir zwei »Akuttechniken« angeschaut, wenn schwierige Gedanken und Gefühle auftauchen. Die erste war, die schwierigen Emotionen durch Achtsamkeit zu »dekonstruieren«. Wir tun das durch die Kraft der Beobachtung, indem wir nach und nach schauen, welche Gedanken in unserem Kopf kreisen oder was wir gerade tun. Die zweite war das Benennen von Gefühlen und das bewusste Umlenken der Achtsamkeit zu einem anderen Konzentrationsobjekt. Das konnte entweder der Atem sein oder die nach und nach auftretenden Körperempfindungen. Was aber, wenn wir dazu keine Kraft mehr finden? Wenn wir uns in einer Krise befinden, die so groß ist, dass wir uns auf keinen Fall noch mehr anstrengen wollen?

UNS SELBST WÄRME SCHENKEN

In solchen Fällen – wenn wir sozusagen auseinandergefallen sind – müssen wir erst einmal wieder langsam zusammengesetzt werden. Einen guten Teil davon können wir selbst tun, mithilfe des Selbstmitgefühls. Von all den vorgestellten Wegen liegt uns dieser vielleicht am meisten am Herzen. Denn Selbstmitgefühl ist der Schlüssel, wenn gar nichts mehr zu gehen scheint. Aber während das Thema Achtsamkeit (Beobachtung und Konzentration) mittlerweile sehr angesehen ist, steckt die Popularität von Selbstmitgefühl noch in den Kinderschuhen. Das heißt natürlich nicht, dass Selbstmitgefühl nicht nötig wäre. Ganz im Gegenteil. Selbstmitgefühl macht für viele Menschen die Wege der Beobachtung und der Konzentration – weil sie so herausfordernd anders sind als alles, was wir in der westlichen Welt und der heutigen Zeit gewohnt sind – erst möglich.

ZWISCHEN SELBSTABWERTUNG UND SELBSTÜBERSCHÄTZUNG

Wenn Menschen für Führungspositionen ausgewählt werden, dann sind »Selbstvertrauen« und »Selbstwert« Eigenschaften, denen Personalmanager große Aufmerksamkeit schenken. Und natürlich ist es wichtig, dass wir an unsere Fähigkeit, Herausforderungen zu meistern, glauben können. Genauso wichtig ist es, uns selbst wertzuschätzen. Allerdings ist gerade unser »Selbstwert« oft wieder von einer Bewertung abhängig. Um uns selbst zu beurteilen, vergleichen wir uns nämlich meist entweder mit anderen Personen oder mit unseren eigenen inneren »Standards«, die wir uns selbst auferlegt haben. Leider liefern Vergleiche uns aber keine dauerhaft stabilen Aussagen über uns selbst und unsere Selbstbewertung ist recht stimmungsabhängig. So entstehen mit größter Regelmäßigkeit große Wellenbewegungen in unserem selbstkritischen Geist. Wenn wir uns von Vergleichen mit anderen oder inneren Messlatten abhängig machen, sind gedankliche und emotionale Achterbahnfahrten vorprogrammiert, denn die Grenzen zwischen gesundem Selbstwertgefühl und Selbstüberschätzung beziehungsweise Gefühlen der Unzulänglichkeit sind weich. Verhaltenswissenschaftliche Untersuchungen beschäftigen sich daher vermehrt mit dem Selbstmitgefühl: der Kraft, uns selbst Wärme zu schenken, auch wenn wir durch schwierige Erfahrungen hindurchgehen. Menschen, die zu Selbstmitgefühl fähig sind, sind emotional resilienter, also widerstandsfähiger gegenüber Belastungen. Sie können Fehler zugeben, denn sie erlauben sich selbst, sie zu machen, und sie können auch damit leben, wenn sie von anderen einmal nicht so schmeichelhaftes Feedback bekommen.

BITTE KEIN SELBSTMITLEID

Dabei hat Selbstmitgefühl nichts mit Sich-gehen-Lassen oder Selbstmitleid zu tun. Im Gegenteil. Sie kennen sicher eine Menge Menschen, die nicht müde werden zu sagen: »Jetzt bin ich mal dran. Ich tu jetzt mal was für mich.« Oder auch: »Ich brauch mal Zeit für mich.« Eigentlich nicht die schlechtesten Leitsätze, aber leider sagt man sie häufig genau dann, wenn man sowieso schon die ganze Zeit um sich selbst kreist. Genauer gesagt, wenn man ständig innerlich kommentiert, wie schlecht es einem geht. Selbstmitleid und daraus folgende Selbstverhätschelung sind nicht gemeint. Damit würde man sich ja geradezu weiter in den Denkfallen 3 »Ich will das aber so!« und 4 »Bloß nicht!« verheddern. Natürlich muss man Probleme, die man hat, anerkennen. Aber irgendwann ist es an der Zeit, »Stopp« zu sagen, sich nicht länger im Selbstmitleid zu wälzen und den Weg in die andere Richtung anzutreten. Mithilfe des Selbstmitgefühls können wir zunächst die schwierige Situation anerkennen und dann trotzdem einen Schritt nach vorne machen. Denn schwierige Gefühle sind oft deshalb dauerhaft, weil wir wiederum mit schwierigen Gefühlen auf sie reagieren. Die Praxis des Selbstmitgefühls beendet die Problemtrance der Geschichte, die wir uns über uns selbst erzählen. Statt auf den ausgetretenen Pfaden des »Was läuft bloß alles schief!« zu wandern, widmen wir uns dem Unruhigen und Aufgewühlten in uns, so wie sich Mutter oder Vater ihrem Kind zuwenden. Wir hören zu, wir sind präsent und wir bringen alles Wohlwollen mit, das wir haben.

GUTE WÜNSCHE FÜR UNS SELBST

Wir schenken uns selbst Wärme und Aufmerksamkeit. Nicht indem wir uns »betüddeln« oder gehen lassen, sondern indem wir uns selbst das wünschen, wovon wir wissen, dass es sich alle Menschen – und wahrscheinlich alle lebenden und fühlenden Wesen – wünschen. Dass …

→ … es uns gut geht,
→ … wir sicher sind,
→ … wir gesund sind,
→ … wir glücklich sind.

Allein solche Wünsche für uns selbst immer wieder zu wiederholen füllt unseren Geist bereits wieder mit anderen Informationen als den üblichen Problemerzählungen.

Neue Arten des Selbstgesprächs

Gedankliche Selbstgespräche sind meistens keine gute Unterhaltung. Die Stimme im Kopf klingt oft eher wie ein feindlicher Radiosender. Mit wohlwollenden Sätzen können Sie jedoch Ihren inneren Kritiker besänftigen.

- Die klassischen Formulierungen von Selbstmitgefühlsübungen lauten meist ungefähr so: »So wie alle Menschen glücklich und frei von Leid sein wollen, möge auch ich glücklich und frei von Leid sein.« Sie können Ihre Sätze aber auch kürzer und konkreter formulieren, um einzuladen, was für Sie im Moment wichtig ist: »Möge ich sicher leben.« »Möge ich gesund sein.« »Möge ich mit Leichtigkeit leben.« Vielleicht finden Sie auch eigene Formeln.

- Stellen Sie sich vor, wie sich dieses Glücklichsein anfühlen mag, so spüren Sie es bereits ein wenig. Genießen Sie die Momente, wenn Sie es spüren. Und seien Sie geduldig mit sich, wenn das Gefühl nicht sofort auftaucht. Lassen Sie sich Zeit für diese Übung.

- Wenn es für Sie (noch) zu schwer ist, sich selbst Glück zu wünschen, widmen Sie nahestehenden Personen die obigen Sätze. Sprechen Sie diese nämlich für andere Menschen, kommen Sie selbst dennoch in den Genuss der wohlwollenden guten Wünsche.

- Sie können die Übung aber auch auf Menschen ausweiten, mit denen Sie Schwierigkeiten haben. Widmen Sie Ihren »Feinden« die obigen Sätze. Vielleicht werden Sie bemerken, dass die Formulierungen Ihr Herz diesen Menschen gegenüber ein bisschen weicher werden lässt – egal, was diese Ihnen tatsächlich angetan haben. Es ist eine etwas fortgeschrittene Weise, sein eigenes Denken und Fühlen »umzustellen«, die interessante Veränderungen in Ihrem Leben wachrufen kann.

Geschichten und Glaubenssätze (siehe Seite 22 und 27) aufzulösen ist der eine Teil der Wirkung, die die Übung von Selbstmitgefühl mit sich bringt. Der andere liegt darin, dass die Mitgefühlssätze eine wohlwollende mentale und emotionale Nahrung darstellen und wir deshalb das, was wir uns sagen, auch mehr und mehr wirklich fühlen und nachempfinden. So wie wir das in miesen Zeiten von schlechter Stimmung kennen, wenn sich die destruktiven Gedanken und Gefühle selbst exponentiell vervielfältigen. Selbstmitgefühl funktioniert genau so – nur eben andersherum. Aus der »Macht der Gewohnheit«, die negative Gedanken mit sich bringt, wird die »Kraft der Gewohnheit«: Wir gewöhnen uns daran, dass auch gute Gefühle zu uns gehören.

WOHLWOLLEN FÜR ANDERE

Mitgefühl und Selbstmitgefühl liegen nah beieinander. Wir bewerten uns ständig selbst. Unser innerer Richter kennt keinen Feierabend und keinen Feiertag. Er ist, während wir wach sind, ständig im Einsatz, und manchmal sogar im Traum. Spannend ist es, wenn wir das Gesetzbuch anschauen, auf das der Richter sich beruft; die Grundlage also, nach der er über uns urteilt. Er tut dies nämlich in Bezug zu unserer von uns selbst konstruierten und bewerteten Umwelt sowie zu unserem eigenen inneren Ehrenkodex. Er misst uns an dem, was für uns Bedeutung hat, oder besser, was wir mit Bedeutung gefüllt haben.

Wenn wir uns nun angewöhnen, unsere Umwelt großzügiger zu beurteilen, dann profitieren wir auch im Hinblick auf unsere Selbstwahrnehmung. Je mehr Anerkennung wir unserem Gegenüber – etwa unserem Partner oder unseren Kindern – zollen, desto positiver nehmen wir uns auch selbst in Beziehung zu ihm wahr. Diese Wechselwirkung ist nicht auf Menschen beschränkt. Auch unsere Haltung gegenüber Orten oder Institutionen wirkt auf unsere Selbstwahrnehmung. Wenn jemand zum Beispiel mit mittelmäßigen Noten von der Schule oder Universität gegangen ist, dann könnte er die Einrichtung dafür verantwortlich machen – und würde sich auch noch miserabel dafür fühlen, dass er sich dem Ganzen überhaupt ausgesetzt hat. Wenn sein Blick jedoch von Verständnis und Mitgefühl für die bestehenden Umstände geprägt wäre, dann könnte er sich selbst auch wohlwollender wahrnehmen. Je mehr Mitgefühl wir unserer Umwelt schenken, desto mehr kommt davon ohne Umwege direkt wieder bei uns selbst an – weil unser Sehen von Verständnis geprägt wird. Das bedeutet: Die Art und Weise, wie wir uns an etwas erinnern – ablehnend oder wohlwollend –, trägt zu unserem Wohlbefinden bei.

ERFOLGSGESCHICHTEN ERZÄHLEN

Unsere ganze Lebenserzählung basiert auf einem Auswahlprozess, den wir ständig weiterentwickeln: Wir verbinden die Erfahrungen, die uns zum jeweiligen Zeitpunkt wichtig erscheinen, mit Bedeutungen aus der Geschichte, die wir uns selbst und anderen über uns erzählen. Die einzelnen Elemente verknüpfen wir zu unserer Lebensgeschichte. Sie ist also durch Ausmusterung entstanden. Die Erzählung, die wir so gestrickt haben, blockiert aber logischerweise andere mögliche Erzählungen, die vielleicht hilfreicher für uns wären. Es liegt an uns, ob wir beginnen, uns andere Geschichten über uns selbst zu erzählen oder nicht. Wenn wir uns nun entscheiden, unseren Blick statt auf unsere Verluste auf das Erreichte zu richten, dann blockiert diese »Erfolgsgeschichte« viele mögliche Verlierergeschichten.

Wir dürfen uns von uns selbst überraschen lassen. Wenn wir etwas denken, sagen oder tun, was neu für uns (und andere) ist, dann kann das unser ganzes Selbstverständnis ändern. Ein guter Teil von Psychotherapie beruht auf einem solchen »Umschreiben der Lebenserzählung«, wie es der Mediziner und Psychotherapeut Arnold Retzer ausdrückt (siehe Kasten auf der folgenden Seite).

Selbstmitgefühl – also die wohlwollende Haltung gegenüber sich selbst – ist eine wichtige Voraussetzung für Erfolgsgeschichten und ein wesentlicher Bestandteil aller vorher beschriebenen Wege.

Umschreiben der Lebenserzählung

Der Psychotherapeut Arnold Retzer beschreibt zwei Weisen, mit denen wir durch unsere Wortwahl und unseren Sprachgebrauch Einfluss darauf nehmen können, wie wir uns selbst sehen und somit auch anderen präsentieren:

1. Indem bisherige Erzählungen und Erzählweisen nicht mehr vollzogen werden, also indem man aufhört, sich selbst in den bekannten Mustern zu sehen oder anderen zu präsentieren.

2. Indem bisher nicht vollzogene Erzählungen und Erzählweisen realisiert werden, also indem man etwas anders macht als bisher.

Praktisch heißt das: Wir hören auf, uns Verlierergeschichten über uns selbst zu erzählen. Und wir beginnen, uns Gewinnergeschichten über uns selbst zu erzählen. Das mag etwas platt nach »Denk einfach mal positiv« klingen. Aber wir versuchen damit nicht, einfach rosafarbene Inhalte in unser Leben hineinzudichten. Es geht vielmehr darum, in welchem Licht wir die bereits bestehenden Inhalte betrachten. Sie sind zum Beispiel zu lange in einer schlechten Partnerschaft oder Arbeitsstelle verblieben. Ärgern Sie sich heute über verlorene Zeit? Oder war es eine wichtige Phase, durch die Sie schließlich Ihren eigenen Weg finden konnten? Jeder kann selbst entscheiden, wie er sich und anderen von solchen Dingen erzählt. Unser Denken ist ein Konstruktionsprozess. Das nützliche Balancieren von Erinnern und Vergessen beeinflusst unsere Fähigkeit, uns kreativ »in die Zukunft zu entwerfen«.

Wenn aber Selbstmitgefühl so entscheidend ist, warum haben wir diesen Weg dann an den Schluss gestellt? Nun, er ist nicht nur besonders wichtig, sondern auch ein bisschen schwierig, weil es sozusagen ans »Eingemachte« geht – die eigene Biografie. Es ist durchaus von Vorteil, wenn Sie sich schon ein wenig in Selbstbeobachtung geübt haben, bevor Sie sich der Technik des Selbstmitfühlens (siehe Seite 127) und auf dieser Basis dem Umschreiben der Lebensgeschichte direkt zuwenden. Und vor allem ist es wichtig, dass Sie sich – wie beim Weg der Konzentration beschrieben – das Scheitern erlauben (siehe Seite 118). Denn auch, wenn Sie die Mitgefühlssätze zu sich sprechen oder positive Glaubenssätze und Erfolgsgeschichten konstruieren, wird es passieren, dass Sie abschweifen. Hier gilt wieder: Wenn Sie bemerken, dass Sie sich für einen Moment nicht lehrbuchmäßig auf die selbst gewählte Aufgabe konzentrieren, tadeln Sie sich nicht für Ihr kurzzeitiges »Abrutschen«, sondern klopfen Sie sich selbst dafür auf die Schulter, dass Sie den verlorenen Faden wieder aufnehmen und nicht aufgeben, sich selbst weiter Mitgefühl entgegenzubringen.

SICH IN GEDULD ÜBEN

Mit Selbstmitgefühl können wir also Wärme und Geborgenheit tanken. Und das auch dann, wenn diese Grundbedürfnisse in unserem Leben nicht oder nicht genügend befriedigt wurden. Auch ohne »nährende« Erfahrungen können wir uns in einem gewissen Rahmen selbst Zuwendung und Halt geben. Das geht nicht von heute auf morgen, aber, wie bei den anderen Wegen, gilt auch für das Selbstmitgefühl: Wenn man den Samen gesetzt hat und stetig nährt, dann wächst eine kraftvolle Frucht heran. Und mit den Mitgefühlsformeln (siehe Seite 126 und 127), mit denen wir gute Wünsche an uns selbst richten, werden wir zu dem Menschen, der sich um uns kümmert.

Alles gut, oder? Ja, aber ein wenig Vorsicht ist doch geboten. Denn es könnte gut sein, dass uns die Denkfalle »Ich will das aber so!« auf diesem Feld begegnet: Was, wenn wir beginnen, die Frucht der Mitgefühlsübung zu wichtig zu nehmen? Denn Selbstmitgefühl löst zwar viel innere Freude und Wärme aus – es kann aber auch passieren, dass die erwarteten guten Gefühle erst einmal oder immer wieder einmal ausbleiben. Dann muss man selbstmitfühlend anerkennen, dass man gerade kein Selbstmitgefühl empfinden kann. Sonst würde man diesen Weg gegen sich selbst wenden, was ja nicht Sinn der Sache ist. Wie für vieles andere auch braucht man für Selbstmitgefühl etwas Geduld. Geben Sie also nicht auf. Denn wie bereits beschrieben: Wer Selbstmitgefühl sät, wird Selbstmitgefühl ernten – auch wenn wir es mal eine Zeit lang nicht spüren können.

NULL BOCK? – DARF AUCH MAL SEIN

Beobachten, konzentrieren, Selbstmitgefühl entwickeln und dann noch geduldig sein … ist das alles langfristig nicht etwas anstrengend? Reicht es nicht, es sich einfach mal gut gehen zu lassen? Einfach mal Urlaub zu machen? Vielleicht klingen unsere Impulse in diesem Buch manchmal tatsächlich nach zusätzlicher »Aufgabe«. Und wenn man sowieso schon darunter leidet, ständig optimal funktionieren zu sollen, dann scheinen weitere Punkte auf der To-do-Liste nicht unbedingt hilfreich. Wenn die Dinge wirklich hart auf hart kommen, dann kann es tatsächlich gut sein, die Übungen für eine gewisse Zeit ruhen zu lassen und sie wieder aufzunehmen, wenn man sich besser fühlt.

ANGEBOT AN DEN INNEREN »SCHWEINEHUND«

Fernsehen und ein Glas Wein sind also durchaus mal erlaubt. Denn unsere inneren Widerstände haben ja die gute Absicht, uns vor zu großer Anstrengung zu schützen. Sie führen uns aber vielleicht auch nur zu altbekannten Strategien, die zwar kurzfristig mehr Glückshormone hervorbringen, uns langfristig aber mit einem Kater zurücklassen können. Deshalb lohnt es sich, unseren inneren Schweinehund anzusprechen und zu fragen: »Ich weiß, du möchtest mich schützen.« Und dann können wir ihm ein Angebot machen: »Wollen wir mal etwas anderes probieren, zum Beispiel eine Übung?« Das löst vielleicht nicht alle unsere Probleme. Aber jeder Schritt auf uns selbst zu bringt uns ein bisschen näher zu unserem Kern. Es macht nichts, wenn wir uns zwischendurch mal kurz betäuben oder bemitleiden müssen. Wir werden daran bestimmt nicht aufgrund mangelnder Achtsamkeit zugrunde gehen. Sehen Sie es aber wie bei Monopoly: Gehen Sie danach einfach wieder zurück auf Los und beginnen Sie wieder mit einer der Impuls-übungen. In diesem Fall heißt Selbstmitgefühl: »Schön, dass ich wieder wach bin und mich um mich kümmere.«

FALLGESCHICHTE

Sanft zu Angst und Schmerz

Am Heiligabend nach der Bescherung mit den Kindern erfuhr Katrin, 38, von ihrem Mann, dass er nach den Festtagen in eine neue Wohnung ziehen würde. Ihr wurde schnell klar, dass er schon längere Zeit eine Geliebte hatte. Katrin rutschte in eine Gedankenspirale, in der sie abwechselnd ihn als Betrüger beschimpfte und sich selbst abwertete, weil sie scheinbar nicht attraktiv genug gewesen war. Da ihr Noch-Ehemann mit seiner neuen Partnerin ganz in der Nähe wohnte, traute sie sich kaum mehr zum Einkaufen raus, aus Angst, der »Rivalin« zu begegnen – was ihr Selbstwertgefühl noch mehr beutelte.

Nach einem halben Jahr begann sie, die Übung des Selbstmitgefühls anzuwenden: Wenn sie die negativen Gedanken bemerkte, legte sie eine Hand auf ihr Herz und sagte zu sich selbst: »Das sind tatsächlich schwierige Zeiten. Doch so wie alle Menschen glücklich sein wollen, wünsche ich mir auch, dass es mir gut geht.«

Es war natürlich nicht ganz leicht, sich gerade in einer so schwierigen emotionalen Situation in Selbstmitgefühl zu üben. Immer wieder stellte sich Wut ein – auf ihn und auf sich selbst. Ein lächelndes Gesicht, das ihre kleine Tochter gemalt und das Katrin in der Küche aufgehängt hatte, stupste sie jedoch immer wieder an, die Folge von Vorwürfen und Selbst-vorwürfen zu unterbrechen, indem sie sich sagte »Möge es mir gut gehen« und sich innerlich dabei zulächelte. Je öfter Katrin diese wohlwollende Seite einlud, desto seltener wurden Wut und Frustration.

Befreiter leben

Mithilfe der Impulsübungen haben Sie nun schon einige Erfahrung im Anwenden der »Wege« gesammelt. Dass diese sich auf verschiedenste und kreative Weise bei allen Denkfallenproblemen umsetzen lassen, zeigen die folgenden Beispiele, die sozusagen das Leben geschrieben hat. Aus Theorie und Übungen folgt nun also die praktische Anwendung im Alltag. Lassen Sie sich von den Geschichten motivieren, sich aus Ihren eigenen Fallen zu befreien.

DAS KINO IN
UNSEREM KOPF

Im ersten Kapitel des Buches haben wir ausführlich dargelegt, wie unser Geist funktioniert: Durch seine Fähigkeit zu verallgemeinern leistet er uns große Dienste, weil wir so allen Situationen, in die wir geraten, mit einem bewährten Muster begegnen können. Das erleichtert uns den Alltag und hilft uns, gut durch das Leben zu kommen. Die Muster können sich aber auch als Fallen erweisen, wenn das, was sich bewährt hat, in einer neuen Situation nicht angemessen ist. Dann wäre Umdenken und Neujustieren angesagt. Das fällt uns aber in der Regel schwer, denn unsere Denkmuster haben sich im Lauf unseres Lebens sehr stark verfestigt – zu Glaubenssätzen, denen wir folgen, zu Geschichten, die wir uns über uns selbst erzählen (siehe Seite 22 und 27). So entsteht ganz großes Kopfkino – Drehbuch und Regie: unser Geist. Würde er nur oscarreife Filme kreieren, hätten wir kein Problem. Häufig produziert er aber eher B-Movies, in denen nicht nur eine Denkfalle, sondern oft gleich mehrere eine Rolle spielen.

DIE SPIRALE DER DENKMUSTER

Die fünf großen Denkfallen – wir nannten sie auch Muster oder Prinzipien – hatten wir Ihnen im zweiten Kapitel einzeln vorgestellt:
→ Prinzip 1: »Ich weiß Bescheid!«
→ Prinzip 2: »Ich denke, also bin ich!«
→ Prinzip 3: »Ich will das aber so!«
→ Prinzip 4: »Bloß nicht!«
→ Prinzip 5: »Ich will hier raus!«
An verschiedenen Stellen haben wir auch schon auf ihre enge Verzahnung hingewiesen. Das wollen wir uns kurz genauer ansehen.

Wenn wir alle fünf Denkprinzipien zusammen anschauen, erkennen wir, wie die beiden ersten auf manchmal tragikomische – und manchmal tatsächlich tragische – Weise beim dritten und gleich darauf auch beim vierten Prinzip ins Spiel kommen und im fünften enden. Es entsteht sozusagen eine negative Spirale. Unsere begrenzten Informationen über unsere »Realität« (Prinzip 1) haben dazu geführt, dass wir uns als getrennte Individuen sehen (Prinzip 2). Als solche sind wir nun dabei, angenehme Erfahrungen zu suchen (Prinzip 3) und unangenehme Erfahrungen zu vermeiden (Prinzip 4). Die Entscheidung, was wir als begehrens- oder ablehnungswert erachten, beruht aber selbst wiederum auf unserer begrenzten Sicht der Dinge: Wir sehnen uns und lehnen ab, weil wir uns mangels einer größeren Perspektive auf die Angelegenheiten oft selbst zu wichtig nehmen – und treffen dann noch Entscheidungen, die gerade auf diesem Tunnelblick beruhen. Hinter dieser Getriebenheit zu wählen steht die Angst, dass wir – wenn wir es nicht tun würden – ausgelöscht werden (Prinzip 5).

All das zusammen bringt einen ganz schön anstrengenden Tagesablauf mit sich – und nicht gerade ein entspanntes und elegantes Leben mit dem Unvermeidlichen. Denn unser Geist sieht die Dinge manchmal kritischer, als sie sind. Und dann stecken wir mitten im Drama, das – bei näherer Betrachtung – manchmal gar nicht so schlimm ist.

DAS WEGENETZ NUTZEN

Das dritte Kapitel hatten wir den Strategien gewidmet, mit denen wir uns aus Fallen selbst befreien können und – langfristig gesehen – auch immer besser vermeiden können, erneut in Denkfallen zu tappen:

→ Entspannung
→ Vitalität
→ Beobachtung
→ Konzentration
→ Selbstmitgefühl

Doch wie schon die Denkmuster, so sind auch die fünf Wege nicht ganz unabhängig voneinander zu sehen. Sicherlich ist es individuell unterschiedlich, zu welcher Lösungsstrategie jemand greift, wenn destruktive Gedanken das Leben schwer machen. Und es ist auch nachvollziehbar, dass nicht jeder Weg für jedes Problem und für jede Situation passt. Aber wir haben auch gesehen, dass zum Beispiel Konzentration im Sinne von Achtsamkeit zu Entspannung führen und uns vitalisieren kann. Oder dass Selbstbeobachtung ohne Konzentration kaum möglich ist und die Konzentration auf ein Objekt Beobachtung mit einschließt. Selbstmitgefühl schließlich ist eine Art Schlüssel zu den anderen Wegen – gerade wenn wir mit diesen nicht so recht voranzukommen scheinen. Denn es schützt uns davor, Selbstoptimierung als oberstes Ziel anzusehen. Es gewährt uns das Recht zu scheitern! Fehlschläge führen ja oft dazu, dass wir unseren alten Mustern wieder das Ruder überlassen. Selbstmitgefühl aber erlaubt uns, unsere Schwächen anzuerkennen, also auch, das Scheitern zu akzeptieren – und trotzdem im Auge zu behalten, dass wir, sobald wir uns wieder aufgerappelt haben, einen kleinen Schritt nach vorne gehen wollen. Wir geben also nicht auf, sondern sagen uns ruhig: »Dann gehe ich einfach wieder zurück auf Los und fange noch mal von vorne an.« Der Unterschied zu dem destruktiven Gedanken »Ich hab's einfach nicht geschafft!« liegt darin: Wir freuen uns darüber, dass wir uns bereits auf den Weg gemacht haben.

»Du musst verstehen, dass es mehr als einen Weg zur Spitze des Berges gibt.«

MIYAMOTO MUSASHI | JAPANISCHER SCHWERTKÄMPFER

FALLEN-GESCHICHTEN MIT
HAPPY END

Im Folgenden wollen wir Ihnen nun die Geschichten von Gregor, Brigitte, Roland und Lydia, Stefan sowie Christiane vorstellen. Wir möchten Ihnen anhand von Beispielen aus unserer Praxis zeigen, wie sich mit einer Auswahl oder einer Kombination der vorgeschlagenen Wege die Denkfallen erfolgreich bearbeiten lassen. Wir beschreiben jeweils die Situation beziehungsweise das Problem, gehen auf die individuell verfolgte Strategie ein und lassen schließlich die sechs Protagonisten selbst zu Wort kommen.

MEHR EMPATHIE, WENIGER STREIT

Gregor berichtete in einem unserer Seminare zunächst von dem Stress, den der Alltag mit Beruf und Familie mit sich bringt: Er und seine Frau sind beide selbstständig tätig, sie haben zwei Kinder und weder Oma noch Opa in der Nähe wohnen, die sie beide entlasten könnten. Das Leben muss gut organisiert und genauestens durchgeplant werden, zumal der Jüngste noch nicht in den Kindergarten geht: 6.30 Uhr, der Wecker klingelt. Gregor steht auf, weckt die Tochter und bereitet das Frühstück vor. Dann übernimmt er den Kleinen von seiner Frau, die ins Büro fährt und die Tochter zur Schule bringt. Gregor spielt mit dem Jungen, füttert ihn, geht einkaufen, kocht das Mittagessen und fährt danach, wenn seine Frau kommt, ins Büro. Am frühen Abend übernimmt er wieder den Kleinen, macht ihn bettfertig. Dann räumt er die Küche auf, stellt die Spülmaschine an – 20.30 Uhr. So ist der übliche Tagesablauf. Als ihn seine Frau dann eines Abends fragte, ob sie nicht alle mal wieder zusammen etwas unternehmen könnten, weil ihr Leben in letzter Zeit nur noch im Dienst nach Vorschrift verliefe, reichte es

Gregor und die beiden stritten heftig. Nicht das erste Mal. Inhaltlich geht es dabei immer darum, dass Gregor gerne nach Plan vorgeht, um den anstrengenden Tagesablauf zu bewältigen. Er findet, dass es gut so läuft und zusätzliche Aktivitäten nur noch mehr Stress bedeuten. Es muss nicht immer Happy-Family-Life sein. Die Position seiner Frau hält er für überzogen, perfektionistisch und unangemessen. Sie sieht das natürlich anders, und so schaukelte sich der Streit immer wieder hoch.

EINE MILDERE HALTUNG FINDEN

Im Seminar findet Gregor heraus, dass er es vor allem mit Denkfalle 1 »Ich weiß Bescheid!«, aber auch mit Denkfalle 3 »Ich will das aber so!« zu tun hat. Es galt nun, genau zu formulieren, was hinter der Bescheidwisserhaltung steckt und was er eigentlich möchte beziehungsweise nicht bekommt. Seine Position lautet: »Meine Frau investiert zu viel Zeit in Familienharmonie-Aktionen. Ich finde, es muss auch ohne das gehen. Die Kinder haben, was sie brauchen. Ich dagegen komme zu kurz.« Er erwartet von seiner Frau, sich mit dem Status quo zufriedenzugeben und weniger Zeit für Familienunternehmungen aufzuwenden, die die ohnehin knappe Paarzeit noch weiter schrumpfen lassen.

Gregor wählte zunächst den Weg der Beobachtung. Er erinnerte sich an den Morgen nach dem Streit: Seine Tochter wollte Früchte- statt Schokomüsli, seine Frau machte den Vorschlag, am Nachmittag mit ihr Plätzchen zu backen, was bei ihm den Gedanken hervorrief: »Meine Frau verwöhnt die Kleine. Ich habe recht, sie tut zu viel des Guten, was unsere Kinder betrifft.« Zunächst bestätigte eine innere Stimme immer wieder, dass er die Sache richtig sähe, aber je öfter und länger er diesen Gedanken anschaute, umso mehr konnte er sich davon distanzieren. Er bemerkte, dass es vordergründig darum ging, recht zu haben und seinen Standpunkt durchzudrücken. Und dass beide Positionen – seine und die seiner Frau – ihre Berechtigung haben, dass man die Sache so und so sehen kann. Indem er die andere Perspektive zuließ, konnte er etwas aufatmen. So war Platz geschaffen für einen weiteren Schritt.

Wieder mehr Zeit füreinander

»*Wenn ich nach einem Streit etwas runtergekocht war, tat es mir zwar leid um den verpatzten Abend, auch dass wir gestritten hatten, aber meine Position fand ich nach wie vor richtig. Ich zog lange Zeit nicht in Betracht, dass wir beide recht haben könnten.*

In Selbstgesprächen stellte ich immer wieder fest, dass ich die Situation richtig einschätzte. Aber eine andere, weniger vordringlichere Stimme äußerte auch ihre Zweifel. Diese Stimme war unbequem, aber stetig. Ich begann diese zwei verschiedenen Parteien in mir zu beobachten. So spürte ich, dass das Rechthaben wichtig war. Und ich merkte auch, dass etwas dabei nicht stimmte, dass auch die Position meiner Frau etwas für sich haben könnte. Ich lernte, beide Seiten anzuerkennen, und erkannte, dass ich trotzdem an mir festhalten kann. Aber dass es auch Dinge gibt, an denen sich nicht festzuhalten lohnt. Ich empfand mehr und mehr Empathie für mich selbst und gleichzeitig für meine Frau. Ich bin milder geworden und das empfindet auch meine Frau so und kann sich ihrerseits mehr öffnen. Wir streiten jetzt viel weniger und haben ein bisschen mehr Zeit füreinander und miteinander,

Gregor konzentrierte sich immer wieder auf die Situation am Tag nach dem Streit: Seine Frau öffnete ihm am Abend mit Mehl im Gesicht und teigverschmierten Händen freudestrahlend die Tür, aus der Küche hörte er das Lachen seiner Tochter. Immer wenn der Rechthaber in ihm wieder in den Vordergrund treten wollte, rief er sich dieses Bild ins Gedächtnis, schaute genau hin und entwickelte dadurch eine große Empathie für seine Frau. Nicht zuletzt deshalb, weil sie in dem Moment so gelöst wie beim Sex aussah. Nun ging es aber ja nicht darum, sich selbst und die eigene Meinung völlig aufzugeben und nur noch die andere Seite gelten zu lassen. Auch seine Position hat ja etwas für sich. Um diesen Aspekt zu bedienen, bedachte Gregor sich immer wieder mit selbstmitfühlenden Gedanken, etwa »Ja, du darfst die Dinge so sehen, wie du sie siehst«. Die beiden anderen Wege halfen ihm aber dabei, auch zu denken: »Deine Sicht der Dinge ist nicht die einzig richtige.« In der Konsequenz führte seine mildere Haltung dazu, dass er die Position seiner Frau nicht nur akzeptierte, sondern auch wertschätzen lernte. Aber auch dazu, dass auch seine Frau sich mehr öffnen konnte für seine Position. Der Streit über das Familienleben wurde weniger und die beiden hatten so wieder mehr Zeit für sich als Paar.

ANDERE SEITEN IN SICH FINDEN

Brigitte, eine unserer Klientinnen, war eine erfolgreiche Sportlerin gewesen, bevor sie mehrfache Mutter wurde. Ihr Körper war drahtig, kraftvoll und durchtrainiert. Sie hatte Pilates-Kurse besucht, Basketball gespielt und war zwei Marathons gelaufen. Wenn ihre Freunde sie hätten beschreiben sollen, dann hätte es geheißen: »Unsere Sportskanone.« Und Brigitte selbst sah sich genauso. Im Trainingslager hat sie sich schließlich in ihren Basketballtrainer verliebt und die beiden haben nach ein paar Jahren geheiratet. Sport bestimmte auch ihr gemeinsames Leben: Er trainierte für den Triathlon, neben seinem Beruf als Pilot, und Brigitte für den nächsten Marathon, den sie unter vier Stunden schaffen wollte. Außerdem hat sie ihren Beruf mit ihrer Leidenschaft verknüpft und wurde Sportphysiotherapeutin.

Viele Gedanken kreisten um dieses Bild der Sportskanone und über die Zeit hatte Brigitte sich ein ganzes Lebenskunstwerk um diese Figur herum erschaffen. Frisur, Kleidung, Ernährung, Urlaubsziele … alles richtete sich nach diesem Selbstbild aus.

Als schließlich schnell hintereinander die Kinder kamen, änderte sich natürlich einiges. Aber Brigitte versuchte, das Familienleben ebenfalls möglichst sportlich auszurichten: Obstsalat statt Croissants zum Frühstück, die Kinder sollten sich viel bewegen und ja nicht fernsehen, alle wurden zu irgendeinem Sport angemeldet. Brigitte selbst ging, wenn möglich, wenigstens joggen und beherzigte alle Tipps für einen gesunden Alltag: Treppe statt Aufzug, Fahrrad statt Auto … im Prinzip nichts dagegen einzuwenden. Aber Brigitte merkte, dass etwas nicht (mehr) stimmte. Alle waren irgendwie gestresst und es war unglaublich anstrengend geworden, ihrem Idealbild (und vor allem ihrer Idealfigur) unter den neuen Lebensumständen ständig hinterherzuhecheln. Hinter dem taffen Äußeren nagten die Folgen des Denkmusters »Ich denke, ich bin eine Sportskanone, also bin ich eine Sportskanone« an ihr: Trotz ihrer großen Anstrengungen, ihr Selbstbild aufrechtzuerhalten, wurde sie immer unzufriedener und entfernte sich immer mehr von sich selbst. Brigitte hatte das Gefühl, ein anderer Mensch geworden zu sein.

URLAUB VOM ALTEN SELBST

In Gesprächen konnte Brigitte klarer herausarbeiten, was sie selbst schon eine Zeit geahnt hatte: Die Sportskanone wollte sich ein Stück weit verabschieden. Da dieses Bild aber so kunstvoll ausgestaltet war und es vor allem das einzige war, mit dem Brigitte sich identifizierte, empfand sie nun eine Leere, die sie sehr ängstigte. Dass es auch noch andere Anteile in ihr gab – zum Beispiel die Rolle als Mutter und berufstätige Frau –, konnte sie erst nur sehr vage erkennen.

In dieser Phase der Selbsterkenntnis kam Brigitte der Zufall zu Hilfe: Eine Freundin lud sie ein, mit ihr zusammen einen Wanderurlaub zu machen. Bewegung – klar! Brigitte war sofort mit dabei. Hier konnte sie nun einerseits ihrem Idealbild gerecht werden – ehrgeizige Tagesmärsche waren angesagt. Andererseits gewann sie Abstand zu ihrem momentan sehr anstrengenden Leben. Sie merkte, wie viel Stress es ihr und ihrer Familie bereitete, das Sportskanonenkunstwerk ständig zu polieren. Dieser Stress konnte beim vielen Gehen ausrollen (siehe Seite 90 bis 98) und der Urlaub wirkte auf Brigitte entspannend und vitalisierend zugleich – erste Schritte aus der Denkfalle waren getan.

ERFAHRUNGSBERICHT

Was ich so alles kann

*»Ich hatte nur dieses eine Bild von mir: Sportskanone. Ich fragte mich:
›Wie sieht sie aus?‹ ›Was macht sie?‹ Alles musste diesem Bild entsprechen. Wenn ich zum Beispiel eine Frau mit langen Haaren sah und der
Gedanke aufkam: ›Ach, das hätte ich auch gerne‹, meldete sich gleich
mein innerer Zensor zu Wort: ›Das ist für dich unpraktisch.‹ Und ich war
davon überzeugt und sagte: ›Das passt nicht zu dir.‹*

*Als dann die Kinder kamen, war plötzlich alles ganz anders. Ist ja auch
normal eigentlich. Aber ich kam nicht damit zurecht. Ich hatte das
Gefühl, mich ein ganz großes Stück weit zu verlieren, obwohl ich versuchte, weiter die Sportskanone zu geben. Ich wurde immer unzufriedener, meine Familie immer genervter … Ich bin dann mit einer Freundin
zwei Wochen zum Wandern gefahren.*

*Das war erst eigentlich wieder als Aktion für die Sportlerin in mir
gedacht. Aber der Abstand von zu Hause bewirkte auch einen gewissen
Abstand von den Gedanken und Gefühlen, die sich ständig um mich
selbst drehten. Und meine Freundin spiegelte mir Dinge über mich, die ich
so noch nie gesehen hatte. Ich kam ziemlich entspannt, ja fast gelöst und
gleichzeitig voller Tatendrang aus dem Urlaub zurück. Plötzlich fand ich
es spannend, nicht NUR die Sportskanone zu sein oder sein zu müssen.
Und ich fing an zu überlegen, was ich denn sonst noch alles kann oder
lernen möchte. Meine Familie findet´s auch prima.«*

Nicht zuletzt aber waren es auch die Gespräche mit der Freundin, die
Brigitte halfen, sich langsam in einem anderen Licht zu sehen (siehe
dazu auch Seite 44). So erfuhr sie zum Beispiel, wie gut sie darin ist,
andere Menschen zu motivieren: Die Freundin hatte bei diesem Urlaub
eher die langen Kaminabende mit gutem Essen und Rotwein im Sinn,

erfuhr aber durch Brigittes Bewegungslust, wie schön sie auch die langen Wanderungen fand. Brigitte habe das Zeug zur Motivationstrainerin, so die Meinung der Freundin. Ob daraus etwas wurde, wissen wir nicht. Brigitte berichtete aber, dass die Gespräche mit uns und der Freundin sowie der Urlaub wesentlich dazu beigetragen haben, ihr altes Ich ein wenig loszulassen und sich für andere Seiten ihrer Persönlichkeit zu öffnen. Immer, wenn Brigitte etwas Neues entdeckt, sagt sie sich jetzt: »Aha, das geht also auch so« oder »Aha, das kann ich also auch«.

ERKENNEN, WAS MAN (NICHT) WILL

Roland und Lydia kamen zu uns in die Paar- und Sexualtherapie, weil die Erotik schon seit einigen Jahren zu schlafen schien. Roland hatte dann im Urlaub ein erotisches Erweckungserlebnis und wollte verhindern, dass seine Libido sich im Alltag gleich wieder verabschieden würde. Mit leuchtenden Augen erzählte er, dass er nun seine Erotik wieder leben wolle, am liebsten zusammen mit seiner Frau, aber notfalls auch ohne sie. Unter anderem träumte er von Tantrakursen.
Auch Lydia hegte den Wunsch, das eheliche Liebesleben wieder aufzufrischen, wollte aber lieber erst einmal ohne äußere Anstupser zu Erotik und Sex zurückfinden. Rolands Haltung dazu: »Ja, das will ich auch, aber Tantra ist doch so spannend.« Sie ahnen es sicher: Klarer Fall von Denkfalle 3. Lydia betonte erneut, dass sie gerne wieder auf intime Tuchfühlung gehen wolle, jedoch am besten in den eigenen vier Wänden und ohne Techniken. Tantra wollte sie nicht. Denkfalle 4 »Bloß nicht!« trifft also auf Denkfalle 3. Keine Seltenheit bei Paaren.
Es ging mehrere Runden hin und her: Tantra ja, Tantra nein … Bei Roland hatten wir den Eindruck, dass immer wieder ein trotziger halbwüchsiger Junge aus dem ansonsten vernünftigen Mittfünziger sein »Ich will das aber so!« herausquäkte. Und auch bei Lydia schien es um etwas mehr zu gehen als nur um die Frage »Tantra – ja oder nein?«, wie sich noch zeigen wird.

ZWEI SEELEN MITEINANDER VERSÖHNEN

Mithilfe von Übungen zur Selbstbeobachtung konnte Roland diese zwei Anteile – den immer noch aktiven, sexuell unerfahrenen Jungen und den ihm hinsichtlich der Erotik immer noch ziemlich unbekannten reifen Mann – kennenlernen. Und er erkannte, dass er sich im erotischen Bereich nach wie vor unsicher fühlte. Das erschreckte ihn zunächst, aber die Distanz, mit der sein eigener innerer Beobachter auf die Gedanken und Gefühle schaute, ermöglichte den ersten Schritt aus der jugendlichen Denkfalle. Und sie erlaubte Roland, mit den beiden ins Gespräch zu treten. Selbstmitgefühl, durch das er beide Anteile akzeptieren konnte, half ihm dabei, die zwei Gegenspieler als ein Team zu sehen. Der zunächst etwas konturlose Erwachsene, der bis dahin für die Bereiche Beruf und Vaterschaft zuständig gewesen war, fing an, sich das Feld der Sexualität zu erobern. Aus dem impulsiven »Ich will das aber so!« wurde »Ich bin ein reifer, selbstbewusster, erotischer Mann«. Umgekehrt durfte der Kleine den Großen auch mal an die Hand nehmen, wenn die Vernunft in den anderen Bereichen gar zu sehr als Spaßbremse agierte. Wichtig war, dass Roland von nun an bewusst entscheiden konnte, wer von den beiden den Hut aufhaben durfte. Manchmal reichte es aber nicht, den oben genannten Satz »Ich bin …« als Anker (siehe Seite 121) zu benutzen. Deshalb wählte Roland zusätzlich den Weg der Vitalität: Er kaufte sich einen Boxsack, an dem er seine lange unterdrückte jugendliche Energie ausließ.

SAGEN, WAS MAN MAG UND WAS NICHT

Im Lauf der Therapie nahm Lydia eine Schlüsselrolle für Rolands Selbstfindung ein. Denn sie spiegelte ihm etwas, was ihm über lange Zeit nicht klar war: Sie reagierte erotisch immer dann auf ihn, wenn er den Erwachsenen agieren ließ und einfühlsam mit ihr umging. Umgekehrt entzog sie sich ihm, wenn der Jugendliche für sie zu stürmisch war, sie zum Beispiel wild in den Arm nahm und ihre Bitte, sie loszulassen, erst mal zu ignorieren versuchte.

Offen miteinander sein

»Als Jugendlicher und junger Erwachsener hatte ich ein ausgemachtes Alkoholproblem. Das bin ich glücklicherweise los. Aber ich habe heute den Eindruck, dass ich bei den damaligen Therapien gelernt habe, den ganzen Jugendlichen einfach wegzudrücken. Im Beruf und als Vater habe ich mich dann auch selbst ziemlich streng zur Vernunft erzogen. Aber im Intimleben poppte der verdrängte Halbwüchsige immer wieder auf, ohne dass mir das bewusst war. Ich glaube, dass unser Sexualleben auch deshalb eingeschlafen ist, weil ich mich oft recht unerwachsen benommen habe, sehr impulsiv und stürmisch war – aus Unsicherheit. Und dass Lydia sich dem unreifen Eroberer lieber entzog.
Ich bin froh, dass wir heute im Bereich Sex und Erotik offener miteinander umgehen können. Ob wir dann irgendwann vielleicht auch Tantra machen, ist inzwischen eigentlich egal.«

Diese Art der Kommunikation war allerdings auch für Lydia eher neu. Mit der Zeit wurde ihr aber klar, wie wichtig es für ein befriedigendes Liebesleben ist zu sagen, was man möchte und was nicht.

Lydias rigorose Ablehnung, einen Tantrakurs zu besuchen, stand zwar zunächst im Vordergrund. Es war aber nur der Aufhänger dafür, dass sie seit langer Zeit jegliche körperliche Annäherung an Roland einfach nicht zulassen konnte – obwohl sie es doch andererseits so dringend wollte. Das stürzte Lydia in ein großes Gefühlschaos. Wir ermunterten sie, sich diese Gefühle genau anzuschauen. Mithilfe einer Meditation gelang es ihr, zu differenzieren und ihre Gefühle genau zu benennen (siehe Seite 123). Am stärksten empfand sie Frustration und Traurigkeit. Damit lichtete sich die emotionale Lage bei ihr etwas, aber was genau sie frustrierte und traurig machte, konnte sie erst mal noch nicht erkennen. Nach wie vor rief eine innere Stimme »Bloß nicht!« oder »Ich will aber nicht!«, wenn es um ihr eheliches Sexualleben ging. In einem nächsten Schritt ging Lydia deshalb dazu über, sich selbst – genauer ihre Gedanken – zu beobachten, wenn sie sich vorstellte, mit Roland intim zu werden. Und das brachte schließlich einen Durchbruch. Die genauen Gedanken waren nämlich nicht »Bloß nicht!« oder »Ich will aber nicht!«, sondern »Du bist mir zu stürmisch«, »Ich wünsche mir, dass du sanfter mit mir umgehst«. Und sogar ganz konkrete Wunschgedanken bemerkte sie: Sie wünschte sich, im Vorspiel länger gestreichelt zu werden und auch ihren Mann zu streicheln – was dieser in seiner Impulsivität nie zulassen konnte. Kurz gesagt: Hinter Lydias »Ich will aber nicht!« steckte die viel klarere Aussage »Ich will SO nicht«. Oder noch deutlicher ausgedrückt: »Ich wünsche mir X mit dir, Y dagegen gefällt mir nicht.«

Das ließ sich natürlich nicht hoppla hopp im Alltag umsetzen. Doch als Lydia ihrem Mann erzählte, was ihre grundsätzliche Ablehnung eigentlich bedeutet, ging es beiden schlagartig besser. Lydia, weil sie aus der Abschottung herauskam, welche die Denkfalle »Bloß nicht!« mit sich bringt, und Roland, weil ihn nun interessierte: »Wenn nicht so, wie dann?« Damit war die Tür zu einem gemeinsamen Sexualleben wieder geöffnet. Und nicht nur das. Lydia konnte mit den Wegen der Beobachtung und der Konzentration nun – wie Roland – auch andere Lebensbereiche unter die Lupe nehmen.

> **»Wer nicht kann, was er will, muss wollen, was er kann. Denn das zu wollen, was er nicht kann, wäre töricht.«**
>
> LEONARDO DA VINCI | ITALIENISCHER RENAISSANCEKÜNSTLER

Eine spannende Entwicklung

»Es ist wirklich unglaublich erleichternd, wenn man all das, was gefühls-mäßig und im Kopf passiert, genauer anschaut. Plötzlich fühlt man sich nicht mehr so ferngesteuert. Wenn ich heute etwas ablehne, weiß ich meistens, warum das so ist, kann es begründen. Und ich sehe viel deutli-cher als früher, was ich möchte, und nicht nur, was ich nicht will. Das verbessert den Umgang miteinander. Auf verbaler, aber auch auf körperli-cher Ebene. Ob ich mit Roland einen Tantrakurs besuchen werde, weiß ich noch nicht. Aber die Vorstellung erschreckt mich nicht mehr und das empfinde ich als großen persönlichen Fortschritt. Damit das alles nicht wieder verloren geht, habe ich mir angewöhnt, mich jeden Tag fünf Minuten nur auf meinen Atem zu konzentrieren. Zeit nur für mich ganz allein – hat man ja als Mutter nicht so viel. Das hilft mir, weiter genau hinzuschauen, und wirkt entspannend. Und es gibt mir die Kraft, den eingeschlagenen Weg weiterzugehen – der ziemlich spannend ist. Hm, schönes Wortspiel: entspannt spannende Dinge tun!«

Anders als Roland, der eindeutig zur »Gasfraktion« gehört, ist Lydia ein klarer Fall von »Bremstyp« (siehe Seite 93 bis 96). Doch gibt es auch eine Gemeinsamkeit dabei: Hinter Lydias oft schroffer und trotziger, manchmal sogar überheblicher Ablehnung steckte ebenfalls Unsicher-heit. Hinter ihrem »Bloß nicht!« kauerte eine ängstliche junge Frau, die ihre Wünsche nicht kannte beziehungsweise nie gelernt hatte, sie zum Ausdruck zu bringen. Und das betraf nicht nur die Sexualität. Doch nach und nach lernte Lydia zu unterscheiden zwischen einem Nein, das eine klare Haltung zum Ausdruck bringt, und einer diffusen Ablehnung aus Unsicherheit und Unklarheit heraus. Sie ging dazu über, jedes Nein genau zu hinterfragen.

Ja heißt ja und nein heißt nein

Wir haben bei der Beschreibung der Denkmuster (siehe Seite 31 bis 81) darauf hingewiesen, dass sie nicht immer nur Fallen darstellen, sondern auch jeweils einen positiven Aspekt haben: Schutz- und Stabilisierungsfunktionen. Im Zusammenhang mit dem Thema Sexualität möchten wir noch einmal darauf zurückkommen. Bei einer Lesung zu unserem Buch »Bereit für die Liebe. Wenn du denkst, es ist vorbei, fängt es eigentlich erst an« hat uns eine Zuhörerin einen wichtigen Hinweis gegeben. Sie war stark in der Frauenbewegung engagiert gewesen und hatte zeit ihres Lebens dafür gekämpft, dass Frauen sagen können und dürfen »Ich will«, dass sie ihre Sexualität nicht unterdrücken oder nur als Objekt wahrgenommen werden. Einen klaren Wunsch zu äußern ist wichtig. Keinesfalls bedeutet es automatisch, es mit Denkfalle 3 zu tun zu haben. Umgekehrt gilt das auch für ein klares Nein und entsprechend für Denkfalle 4. Das wollen wir gerade in Zeiten von #metoo betonen. Das Augenmerk auf das Wörtchen »aber« zu legen (wie wir es bei den Denkfallen 3 und 4 beschrieben haben) sowie den Ton in der Musik zu hören, ist hier in jedem Fall maßgebend.

Hinterfragen heißt hier konkret: die Gedanken und inneren Dialoge, die im Kopfkino herumschwirren, klar zu formulieren. Auf diese Weise konnte Lydia sie einerseits viel leichter der für sie sehr bestimmenden Denkfallenschublade 4 zuordnen oder sie andererseits als ihre klare Position zu einer Sache erkennen. Und so wie Roland seinen Boxsack als Assistenten gefunden hatte, fand Lydia in einem kleinen täglichen Rückzug mit Atemmeditation ihre Hilfskraft. Beide, Roland und Lydia, haben sich auf den Weg gemacht, Gas beziehungsweise Bremse zu regulieren. Das wirkte sich positiv auf das Sexualleben aus, darüber hinaus aber auch auf der Gefühlsebene und im sozialen Bereich (siehe dazu auch die Ressourcenleiter ab Seite 100).

DAS RICHTIGE MASS FINDEN

In Denkfalle 5 treffen sich gewissermaßen die vier anderen Denkmuster, denn hinter deren positiven Schutzmechanismen steckt ja immer auch die Angst, sich zu verlieren (siehe auch Seite 136 bis 137). Weil das Denkprinzip »Ich will hier raus!« so zentral ist, wollen wir Ihnen dazu zwei sehr unterschiedliche Fallen-Geschichten vorstellen. Unterschiedlich zum einen, weil sie in zwei verschiedenen Bereichen angesiedelt sind, nämlich auf der beruflichen beziehungsweise der privaten Ebene. Zum anderen sind sie aber auch sehr verschieden, was den Umgang mit Denkfalle 5 angeht. Beide, Stefan wie Christiane, hatten Angst, dass ihre jeweiligen Lebensumstände das Ende ihres »lebendigen« Lebens einläuten könnten, dass sie psychisch sterben würden. Stefan wollte seine Existenz als Werbekaufmann töten, bevor diese seine Idee von einem sinnvollen Leben »tötete«. Christiane war bereit, ihre Partnerschaft sterben zu lassen, um nicht selbst darin zu verwelken.

ALLES ÜBER DEN HAUFEN GEWORFEN

Stefan war wütend auf seinen Chef und seine Kollegen. Sie waren ihm alle zu oberflächlich. Er wollte sich das nicht länger antun, weil er meinte, sich in diesem Job nicht verwirklichen zu können. Vor mehreren Jahren begann er deshalb damit, sich mit Schamanismus zu beschäftigen. Darauf wollte er eine neue Existenz aufbauen.

Nach einigen Monaten in der neuen »Szene« hatte er sich urplötzlich entschieden, seinen Job zu kündigen, machte eine Ausbildung zum Heilpraktiker und verbrachte anschließend zwei Jahre bei Ureinwohnern im Amazonasgebiet. Er traf tatsächlich einige beeindruckende Menschen. Aber er konnte die Art der Medizin, die er dort fand, nicht so einfach mit nach Hause nehmen. Was im Kontext des Dschungels funktionierte, stand nicht mit den heimischen Gesetzen des Gesundheitswesens im Einklang. Für einige Zeit versuchte er, sich mit seinem neu gewählten Beruf über Wasser zu halten, dann musste er einsehen, dass er so keine wirtschaftliche Sicherheit aufbauen konnte. Was Stefan sich zunächst so attraktiv ausgemalt hatte, ging – man kann es nicht anders sagen – einigermaßen schief.

Sich dem Stress stellen

Ein genauer Blick auf den Ausgangspunkt seiner radikalen Veränderung – die Wut auf die Kollegen und Kolleginnen – war angesagt. Da Stefans augenblickliche Lage für ihn aber gerade äußerst angespannt war, rieten wir ihm, zunächst seine Stresssituation zu untersuchen, sprich, zu unterscheiden zwischen dem, was ihn stresste (Stressoren), und dem, wie sich sein Stress anfühlte (siehe Seite 90 bis 98). Diese kleine Ordnungsmaßnahme (und sicher auch die Konzentration darauf) schaffte etwas Abstand zur Situation und leitete eine gewisse Entspannung ein. Außerdem schaffte er sich einen Anker (siehe Seite 121): Immer wenn die Stressreaktionen ihn vollständig zu beherrschen drohten, dachte er an eine bestimmte Pflanze, die er am Amazonas kennengelernt hatte und die er besonders schön fand. Das hatte nicht nur einen Entspannungseffekt, sondern führte auch dazu, dass er seinen damaligen Entschluss nicht völlig verteufelte, sondern die guten Seiten daran schätzen lernte. Auf diese Weise konnte er sich nach einiger Zeit der Beobachtung seines Ausgangsgefühls widmen.

Herausfinden, was hinter der Bewertung steckt

Stefan holte sich einen zentralen Gedanken, den er vor seiner Kündigung so oft gedacht hatte, hervor: »Die sind mir alle zu oberflächlich.« Nach wie vor empfand er das so, aber er spürte mittlerweile doch ein gewisses Unbehagen dabei. Dieses wollte er sich nun etwas genauer ansehen. Das funktionierte, indem er die Perspektive wechselte und sich vorstellte, was die anderen wohl über ihn sagen. Da fiel es ihm fast wie Schuppen von den Augen: »Du bist etwas ganz Besonderes!« war sein erster Gedanke – das war es, was er von den anderen hören wollte und was eigentlich hinter der Abwertung »oberflächlich« steckte.

Schwierige Seiten akzeptieren

»Es war eine unglaubliche Erfahrung für mich, eine Seite von mir zu sehen, die mir völlig unbekannt gewesen war: dieser unglaubliche Drang, etwas Besonderes darstellen zu müssen. Im Nachhinein kommt es mir ganz einfach vor, die Frage ›Wenn du andere abwertest, was sagst du damit über dich selbst?‹ zu beantworten: ›Natürlich willst du dich so selbst aufwerten‹ und ›Du bist eben besser und außergewöhnlicher als die anderen‹. Aber es war ein langer und ziemlich steiniger Weg bis zu dieser Selbsterkenntnis. Auch war es nicht so ganz einfach, alles, was ich vorher so dachte und getan habe, zu akzeptieren und mich nicht selbst dafür runterzumachen. Hier haben mir die Übungen zum Selbstmitgefühl sehr geholfen. Sowohl die eher allgemeinen Sätze wie ›Mögest du glücklich sein‹, die ich nicht nur für mich, sondern auch für meine ehemaligen Kollegen und Kolleginnen spreche, als auch diejenigen, die ich mir ganz speziell für mich ausgedacht habe, wie zum Beispiel ›Ich muss mich nicht dauernd beweisen‹.«

Stefan erkannte: Seine Angst davor, den Status des Besonderen nicht zu erreichen oder ihn zu verlieren, versetzte ihn quasi in Todesangst und trieb ihn zu seiner überstürzten Handlung. Aber auch: Es ist wichtig, sich nicht selbst deswegen abzuwerten. Er pflegte daher einerseits die guten Erinnerungen und Erfahrungen, die er in Südamerika und auch später mit seinen Klienten gemacht hatte. Andererseits bedachte er sich mit selbstmitfühlenden Sätzen wie »Ich muss nicht alles schaffen«, »Ich muss mich nicht dauernd beweisen« oder »Ich bin gut genug, so wie ich bin«. Seine frühere Arbeit sah er auf diese Weise dann auch in einem anderen Licht: Tatsächlich herrschte in der Firma, in der er gearbeitet hatte, kein gutes Klima. Seine Branche und auch die einzelnen Mitarbeiter waren aber nicht per se schlecht. Und so entschloss er sich, seinen alten Beruf wieder aufzunehmen, sich aber das Leitbild potenzieller Arbeitgeber genau anzuschauen. Und er würde sich selbst für ein gutes Arbeitsklima engagieren – nicht aus einem Gefühl der Abwehr heraus, sondern mit dem Wunsch, sich selbst und seiner Umwelt ein »Geschenk« mitzubringen.

EIN NEUER RAHMEN FÜR DIE PARTNERSCHAFT

Christiane teilte nach reiflicher Überlegung ihrem Freund mit, dass sie zum Ende des Monats aus der gemeinsamen Wohnung ausziehen würde, weil sie sich nicht mehr sicher war, ob sie noch Liebe für ihn spürte. Sie war auch bereit, die Partnerschaft notfalls ganz aufzugeben, führte zunächst aber keinen Bruch herbei. Sie bezog tatsächlich eine eigene Wohnung, verbrachte aber dennoch viele Abende mit ihrem Freund. Die zwei »partnerfreien« Abende der Woche nutzten beide für Dinge, die sie vorher vernachlässigt hatten. Christiane las all die Bücher, die sie während der gemeinsamen Fernsehabende nie angefangen hatte – was sie sehr entspannte. Oder sie ging ins Fitnessstudio, um sich mit neuer Vitalität aufzutanken. Nach circa drei Monaten zogen die beiden wieder zusammen. Nicht in der alten Wohnung allerdings. Beide wollten ihre Partnerschaft bekräftigen, ihr durch eine neue gemeinsame Bleibe aber auch einen neuen Rahmen geben. Dieser steht für die Art und Weise, wie sie ihre Beziehung nun führen wollten: Christiane behält einen Leseabend bei, an dem ihr Freund Spielfilme anschaut. Das Fitnessstudio besuchen die beiden einmal die Woche gemeinsam. Hier ist also nicht die ganze Beziehung gestorben, sondern nur der Teil, der sich für beide nicht mehr lebendig angefühlt hatte. Kann es wirklich so einfach gehen? Fast! Als Christiane sich ausgemalt hatte, wie sie in ihrer Junggesellinnenwohnung leben würde, stellte sie sich vor, einen anderen Mann mit nach Hause zu nehmen und es im Bett mal so richtig krachen zu lassen. Sie hat also durchaus mit einem radikalen Neuanfang geliebäugelt.

Lieber neu statt wild

»Die Beziehung tat mir nicht mehr gut, ich wollte da raus. Es hatte weniger mit Frank direkt zu tun. Aber alles war irgendwie langweilig geworden, auch der Sex. Dass ich ausgezogen bin, war die beste Idee, die ich seit Langem hatte. Zuerst stellte ich mir natürlich was ganz Wildes unter meinem neuen Leben vor. Ich merkte aber sehr schnell, dass allein durch den Abstand meine Gefühle für Frank wieder spürbar wurden. Das Leben, das wir heute miteinander führen, wäre ohne die ›Zwischenzeit‹ nicht möglich. Ich bin froh, dass ich diesen Schritt gewagt habe – und wir uns auf einer neuen Stufe wiedergefunden haben.«

Sie merkte aber auch, dass sie dadurch einiges verlieren würde, was ihr an der alten Beziehung sehr wertvoll war – Vertrauen zum Beispiel und ein humorvoller Umgang mit Alltagsproblemen. So fachte sie lieber das gemeinsame Liebesleben neu an. Meistens besuchte ihr Freund sie in ihrem Zwischendomizil. Das verhinderte, dass die beiden in alte Muster zurückfielen: stundenlang fernsehen, zu müde für Sex, eingefahrene Praktiken … Da sie kreativ an der Partnerschaft arbeiten wollten, wurden Fernsehabende durch »Kerzengespräche« ersetzt: Bei Tee und Kerzenlicht nahmen sich Christiane und ihr Freund nach und nach die Sprossen der Ressourcenleiter vor (ab Seite 100). So kam es zu den gemeinsamen Besuchen des Fitnessstudios. Körperliches Training ließ sie ihre Kraft spüren, die sie für die Verwirklichung ihrer Pläne einsetzen wollten. Darüber hinaus lernten sie Partnermassage, um ihrer Sinnlichkeit einen Schub zu geben. Und auch Freundschaften sollten in ihrem neuen Leben wieder eine Rolle spielen, weshalb sie einmal im Monat eine Einladung zu einem bestimmten Thema geben wollten. Aus diesen Treffen würden sich dann auch Zukunftsvisionen herauskristallisieren …

Register

Bücher und Adressen
die weiterhelfen

BÜCHER

Fröhlich-Gildhoff, Klaus/Rönnau-Böse, Maike: *Resilienz* UTB

Germer, Christopher: *Der achtsame Weg zum Selbstmitgefühl.* Arbor

Middendorf, Katharina/ Sturm, Ralf: *Bereit für die Liebe!: Wenn du denkst, es ist vorbei, fängt es eigentlich erst an.* Kamphausen

Middendorf, Katharina: *360 Grad: Über die Liebe, den Tod und den Mut zum Weitermachen.* Kamphausen

Nagoski, Emily: *Komm, wie du willst: Das neue Frauen-Sex-Buch.* Knaur

AUS DEM GRÄFE UND UNZER VERLAG

Daiker, Ilona: *Gelassen wie ein Buddha. Meditationen und Alltagsübungen für 52 Wochen* (ein Tischaufsteller)

Engelbrecht, Sigrid: *Lass los, was deinem Glück im Weg steht*

Hammer, Matthias: *Der Feind in meinem Kopf*

Heintze, Anne: *Kopf aus, Bauch an?*

Heller, Jutta Prof. Dr.: *Resilienz. 7 Schlüssel für mehr innere Stärke*

Hofmann, Ulrich: *Mini-Meditationen*

Iding, Doris: *Der kleine Achtsamkeitscoach*

Mannschatz, Marie: *Buddhas Anleitung zum Glücklichsein* (mit Audio-CD)

Mannschatz, Marie/Baur, Angelika: *Buddhas Herzmeditation* (mit Audio-CD)

Middendorf, Katharina: *Das kleine Chakren-Handbuch*

Osterloh; Tinneke: *Stark im Wandel. Lebensveränderungen annehmen und aktiv gestalten* (mit Audio-CD)

Späth, Thomas / Shi Yan Bao: *Shaolin. Das Geheimnis der inneren Stärke* und *Shaolin. In acht Schritten zu mehr Energie und Balance*

ADRESSEN DER AUTOREN

nivata
Katharina Middendorf &
Ralf Sturm
Argentinische Allee 169
14169 Berlin
www.nivata.de

Yogaschule Zehlendorf GbR
Riemeisterstraße 114
14169 Berlin
www.yogaschule-zehlendorf.
de

Praxis für Paar- und Sexualtherapie
Middendorf/Sturm
Riemeisterstraße 114
14169 Berlin
www.middendorf-sturm.de

MEHR ENERGIE,
MEHR WOHLBEFINDEN!

ISBN 978-3-8338-4622-9

GELASSENHEIT FÜR ANFÄNGER

KLJOSCHA LONG / RONALD SCHWEPPE

ISBN 978-3-8338-3419-6

Der innere Jakobsweg

Aufbrüche wagen, eigene Wege gehen, neue Ziele finden

CHRISTIANE SCHLÜTER

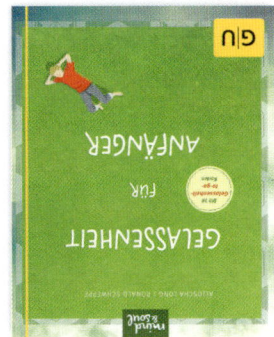

ISBN 978-3-8338-5983-0

Das kleine Chakren-Handbuch

Kalavinka Wildevuur

ISBN 978-3-8338-1370-2

Lass los, was deinem Glück im Weg steht

DER KLEINE COACH

SIGRID ENGELBRECHT

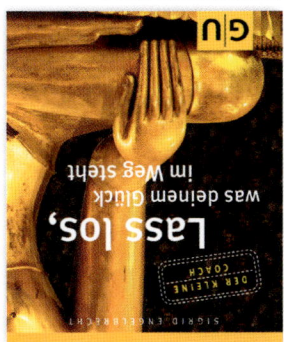

ISBN 978-3-8338-4268-9

Stopp den INNEREN KRITIKER!

Der Feind in meinem Kopf

MATTHIAS HAMMER

ISBN 978-3-8338-4814-8

Schlüssel-Gedanken für ein neues Leben

WERDE DER DU SEIN WILLST

ROBERT BETZ

Impressum

© 2018 GRÄFE UND UNZER
VERLAG GmbH, München

Projektleitung: Reinhard Brendli

Lektorat: Ulrike Auras

**Umschlaggestaltung und Lay-
out:** independent Medien-Design,
Horst Moser, München

Herstellung: Susanne Fuhrmann

Satz: Uhl + Massopoust, Aalen

Lithos: Longo AG, Bozen

Druck & Bindung: Drukarnia
Dimograf SP.z o.o, Polen

ISBN 978-3-8338-6414-8

1. Auflage 2018

Bildnachweis

Illustrationen: Claudia Lieb

Coverfoto: Plainpicture

Syndication:
www.seasons.agency

Umwelthinweis
Dieses Buch ist auf PEFC-zerti-
fiziertem Papier aus nachhaltiger
Waldwirtschaft gedruckt.

LIEBE LESERINNEN UND LESER,

wir wollen Ihnen mit diesem Buch Informationen und
Anregungen geben, um Ihnen das Leben zu erleich-
tern oder Sie zu inspirieren, Neues auszuprobieren.
Wir achten bei der Erstellung unserer Bücher auf
Aktualität und stellen höchste Ansprüche an Inhalt und
Gestaltung. Alle Anleitungen und Rezepte werden von
unseren Autoren, jeweils Experten auf ihren Gebieten,
gewissenhaft erstellt und von unseren Redakteuren/
innen mit größter Sorgfalt ausgewählt und geprüft.
Haben wir Ihre Erwartungen erfüllt? Sind Sie mit diesem Buch und seinen Inhalten zufrieden? Haben Sie
weitere Fragen zu diesem Thema? Wir freuen uns auf
Ihre Rückmeldung, auf Lob, Kritik und Anregungen,
damit wir für Sie immer besser werden können. Und
wir freuen uns, wenn Sie diesen Titel weiterempfehlen,
in Ihrem Freundeskreis oder bei Ihrem online-Kauf.
Sollten wir Ihre Erwartungen so gar nicht erfüllt
haben, tauschen wir Ihnen Ihr Buch jederzeit gegen
ein gleichwertiges zum gleichen oder ähnlichen
Thema um.

KONTAKT

GRÄFE UND UNZER VERLAG
Leserservice
Postfach 86 03 13
81630 München
E-Mail: leserservice@graefe-und-unzer.de
Telefon: 00800 / 72 37 33 33*
Telefax: 00800 / 50 12 05 44*
Mo–Do: 9.00–17.00 Uhr
Fr: 9.00–16.00 Uhr (*gebührenfrei in D, A, CH)

www.facebook.com/gu.verlag

GRÄFE
UND
UNZER

Ein Unternehmen der

GANSKE VERLAGSGRUPPE